THÈSE

POUR LE DOCTORAT

SOUTENUE LE   JUIN 1860

par

MENANT (Charles-Antoine-Claude-Alexis)

NÉ A BEAUNE,

SOUS LA PRÉSIDENCE DE M. MORELOT

CHEVALIER DE LA LÉGION D'HONNEUR

DOYEN DE LA FACULTÉ.

───────

CORBEIL

TYPOGRAPHIE DE CRÉTÉ ET FILS.

—

1860

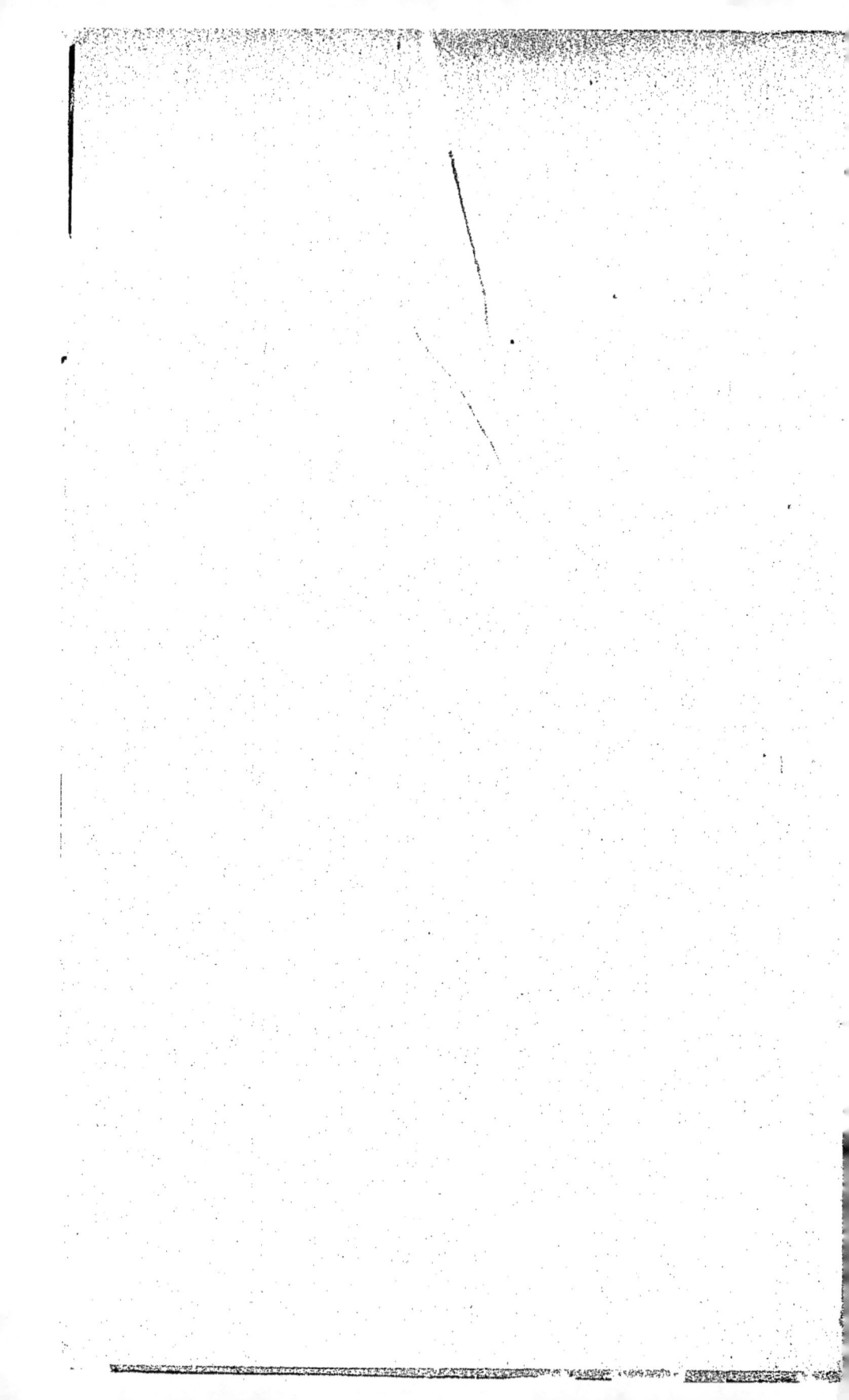

DES RENTES

C.

DES RENTES

C.

FACULTÉ DE DROIT DE DIJON,

THÈSE

POUR LE DOCTORAT

SOUTENUE LE   JUIN 1860

par

MENANT (Charles-Antoine-Claude-Alexis)

NÉ A BEAUNE,

SOUS LA PRÉSIDENCE DE M. MORELOT

CHEVALIER DE LA LÉGION D'HONNEUR

DOYEN DE LA FACULTÉ

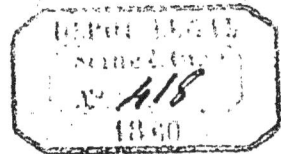

CORBEIL

TYPOGRAPHIE DE CRÉTÉ ET FILS.

—

1860

A MES PARENTS.

La diversité et l'étendue des matières comprises sous la dénomination générale de Rentes indiquent suffisamment que nous ne pouvons présenter tous les développements et les détails que comporte le sujet. Nous nous attacherons surtout, tant pour l'ancien droit que pour le Code Napoléon, à caractériser chaque rente, à poser les principes qui les régissent, et à indiquer leurs différences et leurs ressemblances respectives.

Et comme il convient d'étudier toute institution dans son origine, nous consacrerons la première partie de notre travail à l'Emphytéose romaine, dans laquelle la Rente Foncière de l'ancien droit a son principe, et si dans la seconde partie nous n'attachons plus qu'une importance secondaire à l'Emphytéose, c'est que ses règles ont peu changé, et que d'ailleurs, après s'être affaiblie dans l'ancien droit, en raison de l'importance acquise par la rente foncière, son dérivé, elle nous semble n'avoir pas été admise par la législation moderne.

Moins ancienne que la rente foncière, la Rente Constituée remonte cependant aussi à une époque très-reculée, à quelques siècles après l'établissement du christianisme. Presque étrangère à la législation romaine, où le prêt à intérêt était permis et organisé, elle dut son développement aux scrupules religieux qui avaient cru voir dans le prêt à intérêt la violation des préceptes de l'Évangile. Les Canonistes, confondant peut-être un précepte de charité avec une prohibition positive, prétendirent que les textes saints défendaient de faire produire des fruits à l'argent. Aussi les lois ecclésiastiques d'abord, puis les lois civiles prohibèrent formellement le prêt à intérêt. C'est alors que les jurisconsultes eurent recours à une institution qui au fond n'était qu'un prêt perpétuel à intérêt, mais qui avait l'avantage de le dissimuler sous les formes de la vente, c'est-à-dire du contrat le plus licite.

La Rente Viagère seule a conservé sous la législation moderne le caractère qu'elle avait à son origine. Basée uniquement sur des calculs de pure probabilité, elle ne pouvait sérieusement éveiller les craintes, auxquelles avait donné lieu le prêt à intérêt.

Malgré les nombreuses différences que nous rencontrerons entre les trois espèces de rentes, nous avons cru pouvoir les réunir, parce qu'elles présentent toutes un caractère distinct et commun, une prestation périodique.

Notre travail sera divisé en deux parties : la première sera consacrée à l'examen de l'Emphytéose romaine, la seconde à l'étude des trois Rentes Foncière, Constituée et Viagère dans le droit français, tant ancien que moderne.

PREMIÈRE PARTIE

DROIT ROMAIN

DE L'EMPHYTÉOSE.

A l'origine les patriciens, maîtres du gouvernement, se firent attribuer exclusivement, à la charge d'une très-faible redevance, la possession des terres du domaine public, mais cette possession était purement précaire, les possesseurs devaient les restituer, lorsqu'ils en étaient requis. Pour faire participer à ces bénéfices les plébéiens, qu'il eût été dangereux d'en exclure absolument, chaque patricien distribuait entre ses clients, à des conditions à peu près semblables, une partie du lot qu'il avait en sa possession. Ce ne fut que plus tard, quand, après des luttes obstinées, les plébéiens parvinrent à obtenir le droit de participer directement à cette possession de l'*ager publicus*, que, cette dernière prenant un caractère plus régulier, s'introduisit l'usage des baux de cent ans et des baux perpétuels.

Ces baux, qui s'appliquaient principalement aux

terres du domaine municipal et à celles du domaine public, offraient aux cités des avantages beaucoup plus grands que les baux ordinaires. Les cités en effet n'aliénant que très-rarement leurs biens, la longue durée du bail ne pouvait leur nuire, elle n'était au contraire qu'avantageuse, car le fermier avait tout intérêt à cultiver en bon père de famille des terres, dont il devait jouir pendant de longues années, et les cités étaient ainsi dispensées d'exercer sur lui une surveillance toujours difficile pour tout autre que pour un particulier.

L'obligation pour le preneur de payer une redevance annuelle devait jeter du doute sur la nature de la convention, qui concédait ainsi pour un temps très-long ou à perpétuité la jouissance d'un fonds.

Aussi les jurisconsultes hésitaient-ils sur le point de savoir si la concession de l'*ager vectigalis* devait être regardée comme une vente ou comme un louage. Gaius (C. III. § 145.) nous apprend que l'opinion qui prévalut fut celle qui accordait à cette concession le caractère d'un louage : « magis placuit locationem conductionemque esse. » Il est évident en effet que la nature du louage prédominait dans ce contrat, ce qui le prouve, c'est d'abord la périodicité de la redevance, et surtout la remise qui en était faite en cas de stérilité.

Ce genre de location donna naissance à une

doctrine toute particulière : ainsi le concessionnaire de l'*ager vectigalis* jouissait d'un droit bien
différent de celui du fermier temporaire. Cette
différence est déjà consacrée par un texte de Paul
(L. 1. pr., D., *Si ager vectigalis*) en ces termes :
« Agri civitatum alii vectigales vocantur, alii non. »
Le droit du preneur n'était pas celui qui appartient
à un propriétaire, « quamvis non efficiantur domini » (L. 1. § 1. *cod.*) mais il en approchait
beaucoup.

Le titulaire faisait les fruits siens par la seule
séparation du sol : « Ejus qui vectigalem fundum
habet, fructus fiunt, simul atque solo separati
sunt » (L. 25, § 1. *in fine*. D. *De us is et fructi-
bus*) ; il pouvait hypothéquer l'*ager vectigalis* :
« Vectigale prædium pignori dari potest » (L. 16.
§ 2. D. *De pigner. act.*) ; dans le cas où plusieurs
associés se seraient réunis pour obtenir une concession, ils pouvaient intenter l'action *communi
dividundo ;* l'adjudication que prononçait le juge
transportait le droit entier à l'adjudicataire,
comme cela arrivait pour le droit de propriété,
seulement le juge devait prendre soin d'adjuger le
fundus vectigalis en entier, et non par régions di-
visées, pour ne pas compliquer la perception de
la redevance (L. 7. pr. D. *Comm. divid.*); il avait
l'exercice de l'action *arborum furtim cæsarum*
(L. 5. § 3. D. *Arbor. furt. cæsar.*); l'action *aquæ
pluviæ arcendæ* lui était ouverte (L. 23. § 1. D. *De
aquâ et aquæ pluv.*), ainsi que l'action *finium regun-*

dorum (L. 4. § 9. D. *Fin. regund.*); les *prædia vec-
tigalia* pouvaient aussi être l'objet de l'action *fami-
liæ erciscundæ* (L. 10. D. *Fam. ercis.*); quand il
plaidait, il était, comme tout possesseur, assujetti à
donner la caution *judicatum solvi*, (Paul. *Sent.* L. 1.
t. 19. § 1.); mais sa qualité de possesseur le
dispensait de fournir la caution *judicio sisti* (L. 15.
pr. et § 1. D. *Qui satis cog.*); le concessionnaire
de l'*ager vectigalis* transmettait son droit à ses
successeurs, héritiers, légataires, acheteurs :
« Neque ipsis qui conduxerunt, neque his qui in
locum eorum successerunt, auferri eos liceat. »
(L. 1. pr. D. *Si ag. vect.* V. aussi Gaius C. III.
§ 145.) Toutefois le droit n'existait pour le concessionnaire ou ses successeurs qu'à condition de
payer une redevance annuelle (*vectigal, pensio,
canon*). Si elle cessait d'être acquittée, le droit
s'éteignait: « (Tandiu viget) quandiù pro illis vectigal pendatur.» (L. 1. pr. D. *cod.*) Cependant, dans
les années de stérilité, le preneur pouvait demander la remise du vectigal, comme le fermier ordinaire celle du fermage. (V. L. 15. § 4. *Loc.
cond.*)

Pour conserver son droit, le concessionnaire
avait une action réelle, utile, qu'il pouvait exercer
en son propre nom contre tout possesseur, même
contre l'État ou la Cité qui avait fait la concession :
« Placuit competere eis in rem actionem adversus
quemvis possessorem : sed et adversus ipsos muni-
cipes. » (L. 1. § 1. D. *Si ager.*) Mais il fallait pour

cela que le vectigal fût acquitté exactement : « ita
tamen si vectigal solvant. » (L. 2. D. *eod.*) Si le
preneur cessait d'acquitter la redevance, son droit
s'éteignait, et la cité pouvait exercer l'action *in
rem directa* contre le concessionnaire, sans que
celui-ci pût la repousser par une exception ; elle-
même pouvait repousser par l'exception *doli mali*
l'action *in rem utilis* que le preneur aurait voulu
intenter contre elle. La même action réelle utile
était accordée, toujours à condition de payer
exactement la redevance, alors même que la concession n'était pas à perpétuité, mais pour un
temps assez long : « Idem est et si ad tempus habue-
rint conductum, nec tempus conductionis finitum
sit. » (L. 3, D. *eod.*)

Le concessionnaire avait-il la possession et les
interdits possessoires, ou seulement la quasi-possession et les interdits quasi-possessoires ?
MM. de Savigny et Pellat sont divisés sur ce point.
D'après M. Pellat, les droits du preneur de l'*ager
rectigalis* ayant la plus grande analogie avec ceux
du *superficiarius*, il n'avait, comme ce dernier, que
la quasi-possession, et ne pouvait user que des interdits quasi-possessoires. M. de Savigny au contraire trouve dans le mot *possessor* (L. 15. § 1. D.
Qui satisd. cogant.) une preuve suffisante pour reconnaître au concessionnaire la possession proprement dite et les interdits possessoires. Tel est
aussi l'avis soutenu par M. Pépin Le Halleur dans
un mémoire couronné qui nous a été d'une très-

grande utilité pour ce travail : c'est cette opinion qui nous paraît préférable.

Enfin, bien que le droit sur l'*ager vectigalis* ne fût pas susceptible d'être acquis par usucapion, le possesseur qui le tenait de quelqu'un qu'il croyait en droit de le lui concéder pouvait exercer l'action Publicienne : « In vectigalibus et in aliis prædiis quæ usucapi non possunt, Publiciana competit, si forte bona fide mihi tradita sunt. » (L. 12. § 2. D. *De Public. in rem act.*)

Tels sont les documents épars, relatifs à la concession de l'*ager vectigalis*, et que l'on rencontre dans les Pandectes ; cependant il reste encore à éclaircir beaucoup de questions, dont ce recueil ne porte aucune trace ; il faudra, pour combler ces lacunes, appliquer les règles du contrat de louage dans tous les cas où les textes feront défaut. Ainsi le concessionnaire de l'*ager vectigalis* ne pouvait pas le grever de servitudes, ni se décharger de l'obligation personnelle de payer la redevance. S'il négligeait pendant deux ans de satisfaire à cette obligation, il pouvait être expulsé par la cité : « Tempus autem in hujusmodi re biennii debet observari. » (L. 56. D. *Loc. conduct.*)

Peu à peu les expressions d'*ager vectigalis* et d'*ager publicus* se rencontrent plus rarement, et c'est précisément à l'époque où l'on voit paraître l'expression *jus emphyteuticum*. Le terme *ager vectigalis* n'est plus employé pour désigner le domaine municipal, ni celui d'*ager publicus* pour désigner

le domaine public ; le premier est remplacé par
les expressions, *prædia civitatum*, *fundi civitatum*,
fundi reipublicæ ; le second est remplacé par les
expressions, *fundi patrimoniales*, *fundi divini domus*,
qui se rapportent à diverses branches du domaine
public. Avec ces différentes dénominations appa-
raissent aussi des expressions qui s'y rattachent :
jus privatum salvo canone, *jus perpetuum salvo canone*, *jus emphyteuticum*.

Maintenant quel est exactement le sens de ces
diverses expressions ? Sont-elles ou non synony-
mes ? Une constitution d'Arcadius et d'Honorius
vient apporter quelque éclaircissement sur ce
point (L. 1. *De off. comit. sacr. palat.*); elle assi-
mile le *jus emphyteuticarium*, et le *jus perpetuarium*,
qui n'est autre chose que le *jus perpetuum salvo canone*. Mais les deux autres expressions, « *jus privatum salvo canone* » et « *jus perpetuum salvo canone* »
sont-elles ou non employées pour désigner un seul
et même droit ?

M. Pépin le Halleur prétend que ces deux expressions s'appliquent à des hypothèses différentes.
Il faut, dit-il, pour arriver à déterminer le sens
propre de chacune d'elles, distinguer le cas, où les
fundi patrimoniales étaient affermés moyennant
une redevance fixe, et le cas où ils étaient vendus
moyennant un certain prix, et en outre à la charge
de payer une redevance perpétuelle. Suivant l'o-
pinion de cet auteur, le *jus privatum salvo canone*
se rapporte au cas de l'aliénation d'un fonds du

domaine impérial qui passe dans le domaine d'un particulier, *jus privatum* ; seulement les empereurs voulaient qu'une portion du prix consistât toujours dans une redevance annuelle, *salvo canone.* Au contraire dans le cas du *jus perpetuum*, le fonds restait, quant à la propriété, dans le domaine impérial, seulement le concessionnaire avait un droit perpétuel à la possession, droit transmissible à ses héritiers, et que l'Empereur lui-même s'interdisait de troubler.

M. Pépin le Halleur, après avoir établi la différence entre le *jus privatum salvo canone*, et le *jus perpetuum salvo canone*, malgré l'assimilation faite par la loi 16. *De off. com. sacr. pal.* du *jus perpetuum salvo canone* avec le *jus emphyteuticum*, prétend qu'il doit exister entre eux une différence quelconque, puisqu'ils sont désignés chacun par une dénomination particulière. Le mémoire couronné ne se contente pas de la remarque faite par M. Vuy, que dans les sources on ne trouve jamais le *jus emphyteuticum* appliqué aux *fundi rei privatæ*, il puise dans l'histoire l'explication de cette différence. Suivant lui, la dénomination de *jus emphyteuticum* s'appliquait à la concession faite par l'Empereur de quelque *fundus patrimonialis sterilis.* Cet abandon auquel les Empereurs étaient obligés d'avoir recours, afin que le territoire de l'empire ne restât pas inculte, revêtait le concessionnaire de toutes les prérogatives du *jus perpetuum.* (L. 7, *De omni agro deser.*) Cette loi imposait à tous les possesseurs des *fundi patrimoniales* l'obligation d'ajouter aux terrains qui leur étaient concédés une quantité proportionnelle des terres abandonnées de la même circonscription. A raison de cette charge, il leur était fait remise des impôts pendant deux ans.

Zénon, dans sa constitution qui forme la loi 1 au C. *De jure emphyteutico*, détermine la nature du *jus emphyteuticarium* (ἐμφύτευσις de ἐμφύτευειν.) Il décide que le *jus emphyteuticum* aura désormais un caractère propre, et que la convention qui l'établira ne devra être assimilée ni à la vente ni au louage, mais aura ses règles particulières. On peut donc le définir un *jus in re aliena*, en vertu duquel le concessionnaire pouvait cultiver un fonds, et en jouir de la manière la plus étendue, mais moyennant une redevance à payer annuellement au propriétaire : cette définition exclut évidemment les meubles. Zénon attribuant au droit emphytéotique une nature propre, il était essentiel qu'il l'expliquât de manière à ne laisser aucun doute. C'est ce qu'il n'a pas fait. Les indications contenues dans sa constitution ne sont pas assez développées, et ont laissé le champ libre aux interprètes.

Nous examinerons successivement : 1° la nature du droit emphytéotique ; 2° ses différents modes d'établissement; 3° les droits de l'emphytéote ; 4° les obligations auxquelles il est tenu ; 5° les droits du propriétaire; 6° les modes d'extinction du droit emphytéotique.

§ 1ᵉʳ *Nature du droit emphytéotique.* — Les solutions les plus opposées se sont produites sur la nature du droit d'emphytéose. Les glossateurs trouvant des textes qui réservaient le *dominium* à celui qui faisait la concession, et d'autres qui semblaient qualifier l'emphytéote de *dominus*, attribuaient le *dominium directum* à l'auteur de la concession, et le *dominium utile* au concessionnaire. Cujas et Doneau ont admis que le droit de l'emphytéote était simplement un droit de servitude, « jus in re aliena, » et ils l'ont appelé servitude personnelle. Mais cette qualification doit être réservée aux servitudes qui s'éteignent avec la personne, comme l'usufruit, l'usage, l'habitation ; or l'emphytéose est transmissible à titre universel ou singulier. D'un autre côté, on ne peut le qualifier de servitude réelle, parce que le droit, bien que portant sur un fonds, n'appartient pas à un autre fonds : il faut donc ou reconnaître qu'il est une servitude *sui generis*, ou même s'affranchir entièrement de cette expression, et y voir un droit réel, moindre que la propriété, mais plus étendu que l'usufruit et que toutes les autres servitudes.

§ 2. *Modes d'établissement du droit emphytéotique.* — L'emphytéose s'établissait par contrat et par testament.

Le mode le plus naturel et le plus fréquent était le contrat. Ce contrat, comme la vente, était purement consensuel, c'est-à-dire que l'obligation était formée entre les parties par le seul accord

des volontés, mais le droit réel de l'emphytéote,
comme dans la vente aussi, n'était constitué que
par la tradition de la chose. Il n'y avait aucune
nécessité d'écriture, mais si les parties y avaient eu
volontairement recours, «scriptura interveniente,»
on observait leurs conventions particulières, à défaut desquelles le droit commun conservait son
effet.

Le mode d'établir le droit emphytéotique par
testament devait être peu usité; aussi les textes font
complétement défaut sur ce point. Mais comme il
est de règle qu'on peut conférer par testament toute
espèce de droit, réel ou personnel, il ne peut être
douteux que l'emphytéose pouvait aussi être constituée par acte de dernière volonté. D'ailleurs,
l'emphytéote lui-même aurait pu disposer de son
droit à cause de mort comme par acte entre-vifs :
comment n'aurait-il pu l'acquérir de la même manière? Suivant Doneau, le droit emphytéotique
n'était définitivement constitué que si le légataire
acceptait la charge de payer la *pensio*.

La prescription ne doit pas être considérée comme
ayant été un mode d'établissement de l'emphytéose, c'est-à-dire comme procurant l'action réelle
à celui qui ne pouvait pas établir par titre sa
qualité d'emphytéote, ou qui avait traité avec un
autre que le propriétaire véritable. Il est vrai que
les actions se prescrivent en général par trente ou
quarante ans, mais cette règle principalement établie pour les actions personnelles ne peut s'appli-

quer aux actions réelles que si, pendant l'inaction
du propriétaire, une autre personne a possédé avec
une réunion de circonstances qui constituent le
plenus animus domini; or, elles ne se rencontrent
pas toutes chez l'emphytéote; il a reconnu un
dominus en celui auquel il a payé la redevance, il
ne peut donc prétendre exclure le véritable propriétaire, ou celui qui en a joué le rôle. D'ailleurs,
on ne comprendrait pas que le droit emphytéotique
subsistât sans une obligation de payer le canon;
or personne n'a jamais soutenu que la prescription
puisse devenir la source d'une obligation. Il faudrait donc arriver à dire que le possesseur à titre
d'emphytéote ne se trouverait plus obligé à continuer la prestation du canon, par la seule raison
qu'il l'a payé depuis trente ou quarante ans, ce
qui d'un autre côté répugne à la nature de ce droit.
Du reste, les servitudes personnelles, qui se rap-
prochent le plus du droit emphytéotique, n'ont jamais été l'objet d'aucune *præscriptio longi temporis*
et qui pouvait suppléer au défaut de titre. Lorsque
Justinien confondit l'usucapion du droit civil et la
prescription *longi temporis* du droit prétorien, rien
n'indique qu'il ait apporté quelque changement
sur ce point.

On objecte encore, pour soutenir la prescription
du droit emphytéotique, que la *Publiciana in rem
actio* était accordée par les jurisconsultes classiques
à celui qui avait été mis en possession d'un droit
d'usufruit par un propriétaire apparent et en vertu

d'un titre régulier, et que, par conséquent, il était impossible de refuser le même droit à l'emphytéote. Mais il ne faut pas méconnaître cette grave différence, déjà signalée entre l'usufruitier et l'emphytéote, à savoir, que ce dernier paie une redevance.

§ 3. *Droits de l'emphytéote.* — L'emphytéote avait le droit de jouir du bien de la manière la plus étendue, il avait même la faculté de changer la condition de la chose, pourvu que ce changement n'en diminuât pas la valeur. Il pouvait constituer des servitudes ou des hypothèques sur le fonds; les servitudes ou les hypothèques ne pouvant durer plus longtemps que le droit de celui qui les avait constituées, le droit emphytéotique s'éteignant, ces démembrements de propriété tombaient avec lui. Il pouvait en outre louer le fonds, et même il avait la faculté de l'aliéner (*L. 3. C. De jure emphyt.*), mais à certaines conditions que Justinien a pris soin de signaler dans sa constitution. L'emphytéote devait dénoncer au propriétaire son intention de vendre, en lui indiquant le prix de la cession. Celui-ci avait deux mois pour lui faire connaître son consentement. Ce délai permettait au propriétaire de rechercher s'il y avait des objections à proposer contre le nouvel emphytéote, car il était de son intérêt que le fonds ne fût pas abandonné à des personnes, que la loi 3 au C. *De jure emphyt.* qualifie de « *personas non prohibitas, sed concessas et idoneas ad solvendum emphyteuticum ca-*

nonem. » Les deux mois expirés, l'emphytéote pouvait passer outre à la vente sans l'assentiment du propriétaire. Et ce n'était pas seulement en cas d'aliénation à titre de vente que l'emphytéote devait satisfaire à ces formalités, mais encore pour toute autre espèce d'aliénation. Car de quelque manière que le fonds sortît des mains de l'emphytéote, il était important pour le propriétaire de s'assurer de la solvabilité de la personne qui désormais lui paierait la redevance ; d'ailleurs les termes de la constitution sont généraux et comprennent aussi bien les aliénations à titre gratuit que les aliénations à titre onéreux « *jus suum in alium transferre.* »

Les textes sur l'emphytéose ne contiennent rien relativement aux moyens, dont l'emphytéote pouvait disposer pour exercer son droit. Il faudra donc, à cet égard, appliquer les règles de l'*ager vectigalis*. Ainsi l'emphytéote avait l'action réelle utile que, par assimilation au *jus in agro vectigali*, on appelait sans doute *vectigalis actio*. Cette action s'exerçait non-seulement contre le tiers détenteur, mais contre le propriétaire lui-même. L'action Publicienne lui compétait, quand il avait reçu de bonne foi à titre de concessionnaire un fonds dont le cédant n'était pas propriétaire (L. 12, § 2. D. *De public. in rem act.*); mais ce n'était que contre les tiers et non contre le véritable propriétaire, puisque le droit d'emphytéose n'était pas de nature à s'acquérir par prescription, ainsi que nous l'avons vu précédemment.

Il jouissait de l'exercice des interdits possessoires *Uti possidetis*, et *Quod vi aut clam*.

Le droit emphytéotique était soumis, sous le rapport de la transmission héréditaire, aux règles du droit commun. Si l'emphytéote laissait plusieurs enfants, le droit emphytéotique leur appartenait indivisément; chacun d'eux ne se trouvait débiteur du canon que dans la proportion de ses droits à l'hérédité.

§ 4. *Obligations de l'emphytéote.* — Les principales obligations de l'emphytéote étaient celles d'acquitter les charges publiques, de payer le canon annuel (L. 2. C. *De jure emphyt.*), et d'entretenir le fonds en bon père de famille.

L'emphytéote devait chaque année payer exactement la redevance. S'il restait trois ans sans satisfaire à cette obligation, le propriétaire avait le droit de l'expulser.

Si une partie du fonds venait à périr, le canon n'en était pas moins dû dans son intégrité; il ne cessait de l'être que dans le cas de la perte totale du fonds (L. 1. C. *cod.*). L'emphytéote, jouissant de la chose, devait l'entretenir en bon état; mais il ne pouvait être astreint envers le propriétaire à faire des améliorations; seulement, si le preneur avait, par exemple, cultivé le sol qui lui avait été concédé en friches, ou fait les réparations nécessaires à un bâtiment qui lui avait été livré en mauvais état, il n'avait plus le droit de les rendre comme il les avait reçus.

2

De même, au cas de déchéance de l'emphytéose, le propriétaire pouvait garder, sans payer aucune indemnité, les améliorations faites par l'emphytéote (L. 2. C. *cod.*); mais on doit croire qu'il en aurait été autrement dans le cas d'extinction du droit emphytéotique par l'expiration du temps fixé pour la durée de l'emphytéose.

§ 5. *Droits du propriétaire.* — La constitution de Justinien, après avoir assujetti l'emphytéote à demander le consentement du propriétaire à l'aliénation de son droit, et à laisser écouler deux mois avant d'y procéder, accorde au propriétaire un droit de retrait, en ces termes : « Et si quidem dominus hoc dare maluerit, et tantam præstare quantitatem, quantam ipse revera emphyteuta ab alio recipere potest, ipsum dominum omni modo hæc comparare. » (L. 3. C. *cod.*)

Ce droit de retrait ne s'applique pas seulement au cas de vente du fonds, mais aussi au cas où la chose qui fait l'objet de l'emphytéose est transmise soit au moyen d'un échange, soit au moyen d'une donation, car, outre la généralité des termes de la constitution, le texte même qui vient d'être cité exige que l'emphytéote dénonce au propriétaire, non le prix qui aurait été convenu avec l'acheteur, et qui n'aurait pu être stipulé ni d'un co-permutant, ni d'un donataire, mais le prix qu'il eût été possible à l'emphytéote de tirer de la chose. Dans ce prix seront naturellement comprises les améliorations faites par l'emphytéote.

Avant la constitution de Justinien l'emphytéote, par application des principes qui régissaient la possession de l'*ager vectigalis*, pouvait transporter son droit à un tiers, mais il n'en était pas moins tenu des charges attachées à sa qualité ; il ne pouvait s'en libérer et les faire passer sur la tête de son cessionnaire qu'au moyen d'une novation consentie par le propriétaire, qui le plus souvent ne voulait dégager complétement l'emphytéote qu'en recevant de ce dernier une somme considérable : « Avaritia tanti domini magnam molem pecuniarum propter hoc efflagitant. » (L. 3. C. *cod.*)

C'est cet état de choses entravant la transmission du droit emphytéotique que Justinien abolit par sa constitution, en déclarant que le maximum qui pourrait être exigé des emphytéotes « pro subscriptione », serait le cinquantième du prix ou de l'estimation du bien cédé. Ce prélèvement, considéré comme prix du consentement donné par le propriétaire à l'aliénation proposée, n'était pas dû au propriétaire, lorsqu'il exerçait le retrait, car son consentement était déterminé par son intérêt même dans le contrat. Mais dans tout autre cas, soit que l'aliénation ait eu lieu par acte entre-vifs, à titre onéreux ou gratuit, soit au moyen d'un legs, il y avait lieu au paiement du cinquantième.

Si le legs, sous ce rapport, doit être assimilé à l'aliénation entre-vifs, c'est que, bien qu'aucun texte de la constitution ne prévoie ce cas, le legs substitue un nouveau débiteur à celui qui résulte de la loi, c'est-à-dire à l'héritier du disposant. Or, comme c'est à raison de cette substitution que la perception du cinquantième est autorisée dans le cas d'aliénation entre-vifs, il faut aussi admettre qu'elle aura lieu dans le cas de transmission par l'effet d'un legs. Mais si cette transmission avait lieu à titre héréditaire, soit par testament, soit ab intestat, le propriétaire n'avait aucun droit à exercer à l'époque de la mort de l'emphytéote, car alors, l'héritier ne faisant que continuer la personne du défunt, il n'y avait pas véritable transport d'une tête sur une autre.

Le propriétaire jouissait encore de la prérogative qui lui est accordée par la constitution, lorsque l'emphytéote aliénait entre-vifs à son héritier présomptif le fonds grevé de l'emphytéose; il n'était en aucune façon forcé de restituer le cinquantième perçu, quand le nouvel emphytéote était appelé ensuite à recueillir la succession. Si c'était au moyen d'un contrat à titre onéreux que le droit emphytéotique avait été transmis, il n'y avait aucune raison pour dispenser l'emphytéote de payer au propriétaire le prix de son consentement, car il y avait véritable transport du cédant au cessionnaire.

Si les parties avaient eu recours à une donation, la solution était la même; on objecterait en vain que si l'emphytéote n'avait pas transmis son droit de son vivant, la personne au profit de laquelle a

eu lieu la libéralité aurait recueilli ce bien par
voie de succession; car il n'était pas certain pour
le propriétaire que l'héritier présomptif au moment de la donation deviendrait réellement héritier du donateur; en fait, il y avait eu véritable
substitution d'un débiteur à un autre.

Si l'emphytéote à sa mort laissait plusieurs héritiers, et si l'un d'eux devenait par licitation propriétaire de la totalité de l'immeuble emphytéotique, la même raison conduit à décider que le
propriétaire devait percevoir le cinquantième sur
chacune des parts dont il était devenu acquéreur. La nov. 112 porte : « Quando res liti-
« giosæ per successionem ad hæredes perve-
« niunt, harum rerum inter hæredes divisio non
« debet pro alienatione haberi. » On pourrait
argumenter de ces termes contre le propriétaire
de l'immeuble sur lequel porte l'emphytéose, mais
ils ne font qu'établir une exception à la règle générale qui défendait l'aliénation des choses liti-
gieuses, en décidant que les héritiers qui, lors
d'un partage, mettaient une chose litigieuse dans
un lot, n'étaient pas censés avoir fait une aliénation. D'ailleurs l'interprétation rigoureuse des
termes de la constitution conduirait à dire qu'en
droit romain le partage n'était que déclaratif de
propriété; ce qui est inexact.

Le paiement du cinquantième du prix était à la
charge de l'emphytéote et non du nouvel acquéreur. Dans la constitution de Justinien il n'est

nulle part question des rapports juridiques entre
le propriétaire et la personne qui acquérait de
l'emphytéote; ce dernier était donc seul obligé
personnellement de satisfaire le bailleur; cependant le nouvel emphytéote avait le plus grand intérêt à surveiller l'accomplissement de cette obligation, car l'inexécution entraînait la résolution
du droit emphytéotique, et partant celle du contrat d'aliénation consentie par le titulaire primitif.

§ 6. *Extinction du droit emphytéotique.* — Parmi
les causes d'extinction de l'emphytéose, les unes
sont indiquées au titre *De jure emphyteutico*, les
autres résultent des principes généraux ou se rencontrent dans les Novelles.

Les premières sont : 1° le défaut de paiement.
La loi 2 au Code *De jure emphyt.* est consacrée tout
entière à régler cette cause de déchéance. Elle déclare que si pendant trois ans l'emphytéote n'avait
pas payé les canons et les impôts, « neque pecu-
« nias solverit, neque apochas domino tributo-
« rum reddiderit, » il y aurait lieu à la résiliation
du contrat. Il ne suffisait pas, pour que l'emphytéote échappât à cette déchéance, qu'il eût payé
la plus grande partie de ces redevances, il fallait
encore qu'il les eût acquittées dans leur intégrité;
car il est de principe que l'exécution partielle
d'une obligation ne produit pas plus d'effet pour
la libération du débiteur que si l'accomplissement
n'en avait pas même été entrepris. Du reste, le
paiement poursuivi et même obtenu n'était pas un

obstacle qui empêchât le propriétaire de demander l'expulsion de l'emphytéote. Le texte de la nov. 120, c. 8, semble le décider formellement : « Damus licentiam... et quæ debentur pro præce- « dente tempore... exigere et ejicere de emphy- « teusi. »

Notons enfin que l'emphytéote ne pouvait échapper à la déchéance en alléguant que le propriétaire ne l'avait pas poursuivi ; car, d'après un principe établi par Justinien, il devait prendre l'initiative du paiement, et il ne pouvait se faire une excuse de la tolérance du créancier. Mais pour se préserver de toute surprise par l'effet d'une complaisance simulée, il devait offrir et consigner la *pension* en présence de témoins, si le créancier n'était pas disposé à la recevoir ;

2° L'irrégularité dans la transmission du droit. — La loi 3 au Code *De jure emphyt.*, trace les règles auxquelles est soumise la transmission du droit emphytéotique, et comme sanction prononce la déchéance de l'emphytéote. Les différents points de la constitution ont déjà été passés en revue, il est inutile d'y revenir.

3° La perte totale du fonds emphytéotique même par cas fortuit mettrait fin à l'emphytéose. (L. 1, *eod.*)

Outre ces modes d'extinction, il en existait encore plusieurs autres. Le droit s'éteignait : 1° par la détérioration de la chose, imputable à l'emphytéote ; cela résulte d'un texte relatif, il est vrai, à l'emphytéose des biens ecclésiastiques, mais dont la disposition est sans aucun doute applicable à l'emphytéose en général. (Nov. 120, c. 8. — Nov. 7, c. 3, § 2.) Mais la déchéance n'avait pas lieu, si, tandis que l'emphytéote avait fait subir à l'immeuble de graves détériorations, il les avait d'un autre côté compensées par des améliorations, et si la valeur totale du fonds n'avait pas diminué; 2° par l'échéance du terme, quand il avait été stipulé une durée déterminée au droit emphytéotique (L. 3, D. *Si ager rect.* — Nov. 120, c. 6, § 1); 3° par la confusion résultant de la transmission, par voie de succession ou de convention, du droit de l'emphytéote au propriétaire, ou réciproquement; 4° par la mort de l'emphytéote, sans qu'il laissât de successeur; 5° par la possession de trente ans du propriétaire ou d'un tiers; 6° par le consentement mutuel du propriétaire et de l'emphytéote.

Mais l'emphytéote ne pouvait pas invoquer la prescription comme mode d'extinction du bail emphytéotique. La loi 7, § 6, C. *De præscriptione* XXX *vel* XL *ann.* décide que quand le titre de celui contre lequel il s'agit de prescrire lui attribue un droit périodique « per singulos annos, » la prescription ne court contre lui qu'à partir de chaque échéance, et ne peut lui être opposée qu'à raison de ce qu'il aurait pu demander à chacune d'elles. Ainsi le propriétaire ne perdait par la prescription de trente ans que le droit d'exiger les redevances échues depuis trente années accomplies.

L'emphytéote ne pouvait pas non plus renoncer à l'emphytéose, car il est de principe que l'on ne peut se libérer de l'obligation résultant d'un contrat, même en renonçant aux droits qu'il confère. La loi 3, C. *De fund. patrim.* vient confirmer cette opinion ; elle interdit formellement à l'emphytéote de renoncer à l'emphytéose sous prétexte de stérilité du fonds. Il a été soutenu, il est vrai, que ce texte contenait une exception plutôt que la règle. Mais s'il en avait été ainsi, la constitution de Zénon n'aurait pas pris le soin de décider que les chances de détérioration étaient à la charge de l'emphytéote.

L'emphytéose des biens ecclésiastiques était soumise à des règles particulières. Les emphytéoses temporaires étaient permises ; elles étaient ordinairement constituées pour la vie de l'emphytéote primitif, et après lui de deux autres personnes qui devaient être ses descendants.

Plus tard, Justinien se montra moins rigoureux à l'égard de la constitution d'une emphytéose perpétuelle sur les biens ecclésiastiques, et déclara que cette prohibition serait désormais restreinte aux biens de l'Église de Constantinople, et même dans ce cas elle n'était pas absolue. En outre, le contrat devait nécessairement être constaté par écrit ; la déchéance de l'emphytéote faute de paiement était encourue après deux ans au lieu de

trois. Enfin les églises jouissaient d'un droit de retrait tout particulier, dans le cas où l'emphytéose
parviendrait « aut in imperialem domum, aut in
« sacrum nostrum œrarium, aut in civitatem ali-
« quam, aut in curiam, aut in aliquam venerabi-
« lem aliam domum. » (Nov. 120, c. 1, § 1.) Ce
retrait avait lieu, aussi bien dans le cas de transmission entre-vifs, que dans le cas de transmission
à cause de mort. Il pouvait être exercé pendant
deux ans.

DEUXIÈME PARTIE.

DROIT FRANÇAIS.

Le moyen âge vit naître de l'emphytéose un grand nombre d'institutions qui se rapprochaient plus ou moins de ce contrat. Formées du mélange des lois romaines et des législations barbares, elles constituèrent les différents systèmes de droits territoriaux qui se développèrent successivement sous la féodalité.

On admet que l'établissement des populations germaniques sur le sol romain n'eut pas pour résultat de réduire en esclavage les peuples vaincus, ni d'opérer un morcellement du sol semblable à celui qui avait lieu par l'établissement d'une colonie. On suppose que les chefs seuls, à une époque qui n'est pas bien déterminée, devinrent propriétaires de vastes domaines, dont ensuite ils concédèrent des portions à titre gratuit, d'abord viagèrement et plus tard à perpétuité, à ceux dont ils voulaient s'assurer le concours. Les concessionnaires, en retour, devaient foi et hommage et étaient tenus du service militaire. Les concédants retenaient la seigneurie directe de l'immeuble, et n'en transféraient que la seigneurie utile. Cette seigneurie directe consistait dans des droits purement honorifiques. Le concessionnaire de son côté avait le droit de jouir, d'user, et de disposer à son gré, à la charge toutefois de reconnaître le seigneur direct.

D'un autre côté, les petits propriétaires étaient exposés aux violences des hommes puissants ; leur indépendance était pour eux une source de vexations, et ils ne craignaient pas d'abdiquer leur prétendue liberté, pour venir se placer sous le patronage de personnes en crédit, *seniores*, afin d'en obtenir une protection qu'ils ne trouvaient pas dans les lois. Celui qui voulait ainsi sauvegarder sa personne et ses biens se dessaisissait de sa propriété en faveur du *senior*, et la reprenait immédiatement, comme s'il la tenait de lui ; le *senior*, en reconnaissance de la protection qu'il donnait, se réservait le domaine utile, et, en outre, une redevance annuelle, soit en argent, soit en denrées.

C'est sur cette division de la propriété en domaine direct et en domaine utile, que reposaient les institutions qui se rapprochaient plus ou moins de l'emphytéose.

Les principales étaient : le bail à cens, le bail à bordelage, les champarts, le bail à complant, le bail à domaine congéable, le bail à locatairie perpétuelle, l'emphytéose elle-même, et le bail à rente foncière.

On entendait par cens une redevance qui était payée annuellement au seigneur par les propriétaires et détenteurs d'héritages roturiers, situés dans l'étendue de sa seigneurie. Les censitaires étaient des espèces de fermiers perpétuels. On est divisé sur le point de savoir si le cens consistait en une véritable redevance ou en un signe purement honorifique. Ce qui est certain, c'est que le bail à cens renfermait la réserve de la seigneurie directe de l'héritage, appelée censive ; c'est ce point surtout qui le distinguait du bail à rente, lequel ne donnait droit qu'à une simple redevance foncière.

A côté du cens se plaçait le bail à bordelage, qui avait la plus grande analogie avec le droit précédent.

Le champart, appelé agrier, parcier, terrage, suivant les différentes provinces, était un droit en vertu duquel le concédant pouvait exiger une portion de la récolte d'un héritage. Ses effets variaient aussi suivant les provinces : tantôt c'était un droit seigneurial, tantôt il ne constituait qu'une redevance foncière. Du reste, les autres contrats que nous allons passer en revue subissaient la même influence.

On appelait complant la jouissance d'un fonds accordée à quelqu'un à la charge d'y planter des arbres et particulièrement des vignes et de rendre une partie des fruits au propriétaire du terrain. Cette concession est encore aujourd'hui en usage dans quelques parties de la France.

Le bail à domaine congéable était une convention par laquelle le propriétaire d'un immeuble en transportait la propriété utile à un tiers moyennant une certaine redevance, avec faculté de congédier à volonté le preneur, en lui payant ses améliorations. C'était surtout en Bretagne que cette espèce de convention était en usage; elle y est encore pratiquée aujourd'hui.

Le bail à locatairie perpétuelle était d'un caractère moins nettement déterminé. Suivant certains jurisconsultes, ce contrat ne transférait pas la propriété utile au preneur; ce n'était qu'un simple louage ne différant du louage ordinaire que par sa durée. D'autres pensaient au contraire que le bail à locatairie perpétuelle transportait le domaine utile; il était presque sur tous les points assimilé au bail à rente. Ce bail est encore en usage aujourd'hui dans le midi de la France.

Les bornes de notre travail ne nous permettent pas de nous arrêter à chacune de ces institutions, et de rechercher leurs ressemblances et leurs différences, soit entre elles, soit par rapport à l'emphytéose. Elles ont disparu avec la féodalité, dont elles tenaient leur caractère dominant.

Pour ce qui concerne l'emphytéose elle-même, nous nous proposons seulement d'exposer ce que l'ancien droit conserva de l'emphytéose romaine, et de démontrer qu'elle n'a pas été admise dans la législation moderne.

Mais la rente foncière sera présentée avec plus

de détails dans l'ancien droit, parce qu'elle est le préliminaire nécessaire de l'étude de la rente qui l'a remplacée dans le droit moderne.

L'emphytéose en passant dans l'ancien droit conserva les principaux caractères qu'elle avait sous la législation romaine, mais elle ne laissa pas que de subir l'influence des institutions féodales. Ainsi dans le bail emphytéotique, le propriétaire d'un héritage en concédait à un autre la propriété utile à la charge par ce dernier de faire des améliorations, et de payer une redevance annuelle, en reconnaissance de la seigneurie directe que s'était réservée le bailleur.

Les parties pouvaient insérer dans le contrat toutes les clauses qu'elles jugeaient utiles. Mais à défaut de conventions, il existait des règles qui y suppléaient.

L'emphytéote ne pouvait demander aucune diminution de la redevance, quand bien même tous les fruits auraient été perdus par cas fortuit, car l'emphytéote était plus que simple fermier, il avait le domaine utile. Si cependant l'héritage venait à périr en entier par cas fortuit, l'emphytéose s'éteignait. Si le preneur laissait s'écouler trois ans sans payer la redevance, son droit tombait *ipso jure* sans sommation de la part du seigneur ; ce dernier rentrait dans l'héritage et dans les améliorations faites par l'emphytéote, et cela sans aucune indemnité. Mais si le seigneur se refusait au paiement offert en temps utile, l'emphytéote devait faire des offres en présence de témoins, et consigner la redevance entre les mains d'une personne publique. Le preneur ne pouvait pas vendre la chose donnée à emphytéose sans en avertir le seigneur, et sans lui dénoncer le prix. La vente opérée sans cette formalité donnait lieu au droit de commise ; le seigneur avait deux mois à compter du jour de la dénonciation pour exercer son droit de prélation. Ce délai expiré, il pouvait être passé outre à la vente ; seulement le preneur devait payer au seigneur une certaine somme, appelée *lods et ventes*, dont la quotité variait avec les différents pays ; c'était tantôt le douzième du prix de vente, comme dans la coutume de Paris, tantôt le huitième, tantôt enfin le sixième ou le cinquième.

L'emphytéose pouvait être perpétuelle ou temporaire, et, suivant certains jurisconsultes, elle ne donnait le domaine utile que lorsqu'elle était perpétuelle.

A la fin du bail, le preneur ou ses héritiers devaient rendre en bon état non-seulement le fonds et les bâtiments, mais encore les améliorations qui avaient été mises par le contrat à la charge du preneur. On décidait au parlement de Paris que si l'emphytéote avait élevé des bâtiments ou fait des améliorations sans qu'il s'y fût engagé, il n'avait droit ni d'enlever les matériaux ni d'obtenir aucune indemnité.

Comme l'emphytéote n'avait que le domaine utile, il ne pouvait jamais prescrire la propriété directe, car à cet égard il était regardé comme un fermier qui possédait pour le propriétaire.

Argou fait observer que de son temps il n'y avait que très-peu de véritables emphytéoses, « à moins, dit-il, qu'on ne veuille comprendre sous ce nom les rentes foncières non rachetables, dans lesquelles il y a clause que le preneur sera tenu de faire des améliorations ou amendements. Dans ce cas on n'adjuge pas au seigneur la commise faute de paiement des arrérages durant trois ans : l'emphytéote peut vendre sans le consentement du seigneur, et sans être obligé de lui payer aucune chose. »

Le même auteur nous apprend encore que, dans la plupart des pays de droit écrit, on confondait la véritable emphytéose avec les censives.

Tel fut l'état de la législation sur l'emphytéose jusqu'en 1790. Une loi des 18-29 décembre de la même année prohiba pour l'avenir l'établissement des emphytéoses perpétuelles. L'art. 1er du titre Ier de cette loi porte : « Il est défendu à l'avenir de créer aucune redevance foncière non remboursable, sans préjudice des baux à rente ou emphytéoses, et non perpétuels, qui seront exécutés pendant toute leur durée, et pourront être faits à l'avenir pour quatre-vingt-dix-neuf et au-dessous, etc. »

L'emphytéose temporaire fut donc seule maintenue, et sa durée même fut limitée par le législateur. Mais si une emphytéose perpétuelle avait été établie, elle n'était pas nulle pour le tout, elle n'était pas non plus réductible à quatre-vingt-dix-neuf ans, mais elle était considérée comme un bail à rente foncière en perpétuel, et comme telle, rachetable à volonté.

Sous le Code Napoléon, s'il était créé une emphytéose perpétuelle, il n'est pas douteux que le contrat, nul comme tel, ne fût également valable comme aliénation à rente perpétuelle, et qu'on ne lui appliquât l'art. 530 par interprétation de la volonté des parties.

Mais l'emphytéose temporaire, celle de quatre-vingt-dix-neuf ans, est-elle encore permise aujourd'hui ?

Les partisans de l'emphytéose invoquent d'abord les termes de l'art. 7 de la loi du 30 ventôse an XII, qui a réuni en un seul corps les différentes lois qui composent aujourd'hui le Code Napoléon. Elle n'abroge, dit-on, les lois antérieures que dans les matières qui sont l'objet des lois composant le présent Code. Or le Code Napoléon ne renferme aucune disposition relative à l'emphytéose ; la loi de 1790 est donc encore en vigueur.

L'emphytéose toujours limitée à quatre-vingt-dix-neuf ans serait donc encore un droit réel spécial, qui ne serait ni celui de l'usufruitier, ni celui du fermier, en admettant même que ce dernier ait un droit réel, ce que nous ne pensons pas. Si

ce droit particulier existe, quelle est son étendue?
Permet-il non-seulement de modifier et de transformer la chose, mais même de l'aliéner ou de
l'hypothéquer?

Ceux qui admettent encore l'emphytéose aujour-
d'hui sont divisés sur ses effets; les uns n'y voient
qu'un droit de jouissance, tandis que les autres
lui accordent l'effet d'une propriété temporaire.

La Cour de cassation et plusieurs auteurs prétendent que l'emphytéote jouit en qualité de propriétaire, qu'il peut aliéner et hypothéquer, sauf
les droits du bailleur, à l'expiration du terme fixé
ou au moment de la résolution. Ce serait donc une
propriété temporaire que certains auteurs, parmi
lesquels M. Troplong, nomment, après Cujas, un
quasi dominium.

Aux yeux de M. Duranton, le droit de l'emphytéote serait un droit de jouissance qui se rappro-
cherait de celui de l'usufruitier, mais qui en diffé-
rerait cependant; l'usufruit en effet s'éteint par la
mort de la personne au profit de laquelle il est
établi; le droit de l'emphytéote, au contraire, ne
prendrait fin qu'à l'époque déterminée entre les
parties pour la durée de son existence. Mais ce serait un droit immobilier qui, ainsi que l'usufruit,
pourrait être hypothéqué. Cependant les termes de
l'art. 2118 ne le mentionnent pas, ce que M. Duranton explique par l'absence de toute disposition
sur l'emphytéose; et il ajoute que le Code n'ayant
pu entendre prohiber l'hypothèque des emphy-

téoses antérieures à sa promulgation, son silence ne prouve rien, parce qu'il prouve trop.

Aucun de ces deux systèmes ne nous semble devoir être admis aujourd'hui.

Et d'abord est-il bien exact de dire que, parce que le Code Napoléon n'a pas abrogé expressément l'emphytéose, la loi de 1790 la régit encore aujourd'hui ? Le législateur de 1804, il est vrai, n'a pas aboli l'emphytéose en termes formels, mais il a déterminé dans l'art. 543 *les droits que l'on peut avoir sur les biens.* Il a donc entendu régler d'une manière complète le droit de propriété et ses démembrements. Dès lors toutes les lois antérieures sur la même matière sont abrogées par la loi du 30 ventôse an XII.

D'après l'art. 543, les seuls droits que l'on puisse avoir aujourd'hui sur un immeuble sont, indépendamment des servitudes, le droit de propriété et le droit de jouissance. Or, aux termes de l'art. 544, le droit de propriété est le droit de jouir et de disposer des choses de la manière la plus absolue ; il est donc impossible de concilier le droit de disposition absolue avec une limite de temps ; on ne comprendrait pas un propriétaire ne pouvant pas aliéner à toujours ; quel droit conférerait-il ? Ce serait moins qu'un droit résoluble, puisqu'il serait fatalement périmé par le temps. Quant au droit de jouissance, il peut être plus ou moins étendu, suivant que celui qui l'exerce est usufruitier ou usager ; mais quoi qu'il en soit, il ne

saurait dépasser les limites d'une simple jouissance, et par conséquent il ne peut jamais permettre la transformation de la chose, comme on
voudrait encore la permettre à l'emphytéote,
d'après les règles de l'ancien droit.

Cette dissidence entre les partisans de l'emphytéose est un indice que leur système n'est pas aussi
inattaquable qu'il le paraît. Il nous semble d'ailleurs difficile de donner un caractère bien déterminé à un droit qui, depuis la législation romaine
jusqu'à nos jours, a divisé les jurisconsultes. Une
institution qui avait donné lieu à tant de controverses et d'incertitudes méritait certainement
d'attirer l'attention du législateur de 1804; s'il
avait voulu admettre l'emphytéose, il aurait pris
soin d'en tracer les règles; mais le nom même
d'emphytéose n'est écrit nulle part dans le Code.
On a, tout au contraire, pris soin de l'en écarter.
Il suffit pour s'en convaincre de comparer avec
l'art. 2118, les lois du 9 messidor an III (art. 5) et
du 11 brumaire an VII (art. 6) sur le régime
hypothécaire. Elles permettaient d'hypothéquer la
jouissance emphytéotique des biens territoriaux.
Cette disposition est retranchée de l'art. 2118,
calqué pour ainsi dire sur ces lois, que certainement les rédacteurs avaient sous les yeux quand
ils l'ont formulé.

Vainement on objecterait, pour soutenir que la
loi de 1790 est toujours en vigueur, qu'aujour-
d'hui encore il faut y avoir recours pour savoir si

une rente est ou non établie à perpétuité. Cet emprunt n'est en rien contraire à l'exclusion de l'emphytéose par le Code Napoléon. Nulle part, en effet, le législateur de 1804 ne s'est expliqué sur la durée que doit avoir aujourd'hui une rente pour être considérée comme perpétuelle, et partant comme rachetable. On ne saurait donc dire que cette matière est traitée dans le Code, et dès lors on peut, sans compromettre en aucune manière notre solution, emprunter à cet égard les dispositions de la loi de 1790.

Cette opinion est pleinement justifiée par les travaux préparatoires du Code Napoléon.

Voici ce que disait M. Treilhard dans l'exposé des motifs du titre de la *Distinction des biens*. « Les seules modifications, dont les propriétés soient susceptibles dans notre organisation politique et sociale et hors desquelles il ne peut exister sur les biens aucune autre espèce de droits, sont celles-ci : ou l'on a une propriété pleine et entière, qui renferme également le droit de jouir et le droit de disposer ; ou l'on n'a qu'un simple droit de jouissance sans pouvoir disposer du fonds ; ou enfin on n'a que des services fonciers à prétendre sur la propriété d'un tiers, services qui ne peuvent être établis que pour l'usage et l'utilité d'un autre héritage, etc. » (Locré, t. VIII, p. 51.)

Lors de la discussion de l'art. 2118, M. Tronchet dit formellement que « l'emphytéose n'aurait plus d'objet, qu'il était donc inutile de s'en occuper. »

Un dernier argument en faveur de ce système
se puise dans le discours préliminaire du projet du
Code Napoléon. Aux yeux des rédacteurs, la rente
foncière et l'emphytéose présentaient des inconvénients tellement graves que M. Portalis disait que la
question de savoir s'il fallait ou non admettre dans
le Code l'emphytéose et le bail à rente foncière serait laissée à la sagesse du gouvernement. (Locré,
t. 1, p. 309.) La discussion sur ces deux points
fut en effet renvoyée, et ce n'est que quand tous
les titres du Code Napoléon furent terminés qu'on
revint à cette question. Après de longs débats on
finit par adopter la rente foncière, non plus telle
qu'elle était dans l'ancien droit, mais avec un caractère tout nouveau. Si le législateur, après avoir
enlevé à la rente son caractère réel, avait voulu
conserver l'emphytéose, il s'en serait certainement expliqué, et aurait tranché, par des règles
certaines, les controverses qui avaient toujours
été l'écueil de la doctrine et de la jurisprudence.
D'ailleurs les raisons qui ont fait repousser la
rente foncière avec son caractère réel sont les
mêmes en matière d'emphytéose : le Code établissait l'égalité dans les partages, et par là la division
à l'infini ; il était donc inutile de conserver une
institution, basée sur la possession de vastes domaines par un petit nombre de propriétaires.
Ainsi s'est trouvée supprimée sans inconvénient
une convention, dont M. Duvergier ne craint pour-
tant pas de dire que « la science économique n'a

encore rien découvert de mieux combiné et de plus ingénieux. »

Nous arrivons ainsi à la rente foncière à laquelle nous consacrerons trois sections relatives à l'ancien droit, au droit intermédiaire et au droit actuel.

CHAPITRE PREMIER
DE LA RENTE FONCIÈRE

SECTION PREMIÈRE
DU BAIL A RENTE FONCIÈRE DANS L'ANCIEN DROIT.

§ 1. — Caractères du bail à rente.

Le bail à rente qui, comme on vient de le voir, a pris naissance sous l'empire du droit féodal, est défini par Pothier (*Contrat de bail à rente*, n° 1): « un contrat par lequel l'une des parties baille et cède à l'autre un héritage, ou quelque droit immobilier, et s'oblige de le lui faire avoir à titre de propriétaire, sous la réserve qu'il fait d'un droit de rente annuelle d'une certaine somme d'argent, ou d'une certaine quantité de fruits qu'il retient sur ledit héritage, et que l'autre partie s'oblige réciproquement envers elle de lui payer tant qu'elle possédera ledit héritage. » La rente est, ainsi que cela résulte de la définition, une charge imposée par le bail sur le fonds ; c'est

le fonds en quelque sorte qui est lui-même débiteur ; elle a donc un caractère immobilier avec
toutes les conséquences qui en découlent. Cependant il ne faut pas la confondre avec l'hypothèque
garantissant le service d'une rente constituée, car
elle est un droit principal sur l'immeuble, tandis que l'hypothèque n'est qu'une garantie accessoire d'une obligation personnelle.

Ce contrat a plusieurs points de ressemblance
avec la vente et avec le louage. De même que
dans la vente et le louage trois conditions sont
nécessaires à leur existence, une chose vendue
ou louée, un prix ou un loyer à payer, et le consentement des parties, de même dans la rente,
trois conditions aussi sont essentielles, une chose
fournie, un prix consistant dans les arrérages de
la rente, et le consentement des parties sur la
chose et sur le prix ; en outre, le contrat de rente
est synallagmatique comme le louage et la vente ;
il tient encore de la vente en ce que le bailleur
contracte envers le preneur les mêmes obligations
de garantie que le vendeur contracte envers l'a-
cheteur par le contrat de vente.

Mais si ces deux contrats ont des points de ressemblance, ils diffèrent cependant sous certains
rapports. Ainsi, 1° tandis que dans la vente le
vendeur s'oblige à transporter à l'acheteur tout le
droit qu'il a dans la chose vendue, dans le contrat
de bail à rente, au contraire, le bailleur se retient
un droit de rente sur l'héritage ; 2° tandis que

dans la vente, le prix est une dette de la personne, dans le bail à rente au contraire, la rente réservée par le bailleur est une charge réelle, due par l'héritage, bien que le possesseur soit aussi débiteur personnel des arrérages, mais seulement en tant que détenteur de l'immeuble.

Plusieurs différences séparent aussi la rente et le contrat de louage. Le louage ne confère au preneur que le droit de percevoir des produits de la chose louée, il ne fait naître que des obligations personnelles; la rente au contraire transfère au preneur tous les droits du bailleur sur l'héritage arrenté; la propriété de l'immeuble est transportée sur la tête du preneur, sous la charge de la rente que le bailleur se retient. Cette rente, comme il a été dit plus haut, est due principalement par l'héritage, et par chacune de ses parties; le preneur n'en est personnellement tenu qu'autant qu'il possède l'immeuble. Il résulte de là que, si le fonds arrenté a été, par suite d'une force majeure, considérablement diminué, le preneur sera tenu de servir la rente entière, tant qu'il restera en possession de ce qui subsiste de l'héritage. Il en est autrement en matière de louage; en cas de dégradation de l'immeuble loué, la redevance diminue proportionnellement à la diminution qu'a subie le fonds. Quand bien même l'immeuble n'a rien produit pendant plusieurs années, le preneur n'en doit pas moins payer la totalité de la rente, tandis que, dans le louage,

les fermages n'étant que le prix des fruits produits
par le fonds, le preneur est complétement dé-
chargé.

Les immeubles et les choses incorporelles ou
droits sont seuls susceptibles d'être donnés à
rente, car il est de l'essence du contrat que le
bailleur se réserve sur la chose qu'il donne à rente
un droit réel, dont elle demeure chargée, en quelques mains qu'elle passe. Les meubles ne peuvent
donc pas faire l'objet d'une rente. Inutile d'ailleurs
d'ajouter que celui qui veut donner à rente un
héritage doit en être propriétaire, car, comment
retenir un droit sur une chose qui ne nous appartient pas? Cependant si la constitution de rente
porte sur la chose d'autrui, le bailleur est, comme
en matière de vente, tenu à la garantie de l'éviction; comme dans la vente aussi le preneur, tant
qu'il n'est pas évincé, ne peut pas recourir contre
le bailleur, auquel il doit continuer le service de
la rente.

Le bailleur s'oblige envers le preneur *præstare
ei fundum habere licere*; il doit en conséquence
conserver la chose avec soin jusqu'à la tradition,
faire cette tradition au temps convenu, enfin garantir le preneur de toute éviction et des vices ca-
chés.

Le preneur de son côté doit payer exactement
la rente, pendant tout le temps qu'il possède l'héritage. Tenu du paiement des arrérages seulement
en qualité de détenteur de l'immeuble, il peut en

l'aliénant ou en déguerpissant, se décharger de son obligation, si toutefois il y a satisfait jusqu'à cette époque. Mais s'il a négligé soit de payer la rente, soit de mettre l'héritage en bon état, soit même de faire les améliorations convenues, le créancier peut le contraindre à continuer le service de la rente, et refuser le titre nouvel que lui offrirait son successeur. Mais si le bailleur a agréé le nouveau possesseur, il ne peut plus agir contre le preneur que pour le forcer à accomplir les obligations dont il était tenu durant sa possession.

Le preneur doit payer les arrérages à l'échéance, s'il ne veut pas s'exposer à voir diriger contre lui des poursuites qu'il ne pourrait repousser, car c'est une règle que le bénéfice de répit n'a pas lieu en matière de rente foncière. Le bailleur peut même demander l'expulsion du preneur, si celui-ci est en retard de plusieurs termes. Dans ce cas, le juge, avant de statuer définitivement, a coutume d'accorder un délai au débiteur. Si, au bout du temps fixé, le preneur ne s'est pas libéré, le juge prononce contre lui l'expulsion de l'héritage et la réintégration du bailleur. Malgré cela, le preneur pourra encore, jusqu'à l'arrêt d'appel et même jusqu'à son exécution, demeurer dans l'héritage, à la charge toutefois de payer tous les arrérages arriérés, et tous les frais. Si le preneur a été obligé d'abandonner l'héritage, il lui sera tenu compte du prix des améliorations qu'il aura pu faire.

Le contrat de bail à rente assujettit encore le
preneur à entretenir l'héritage en bon état, car,
n'étant propriétaire qu'à la charge de la rente,
le preneur doit entretenir l'immeuble de telle façon
qu'il produise suffisamment pour désintéresser
le bailleur. Ainsi le preneur devra faire aux bâtiments toutes les réparations nécessaires, les
grosses réparations comme celles d'entretien ;
faute de satisfaire à cette obligation, il peut
voir prononcer contre lui la résolution du bail,
et être condamné à des dommages et intérêts. Cependant, si la maison tombe de vétusté,
et non par défaut d'entretien, Loyseau prétend
que le preneur ne sera pas obligé de la reconstruire, car ce dernier, ne s'engageant qu'à entretenir et maintenir en bon état la chose qu'il tient
à bail, ne peut pas être contraint à rééditier une
maison qui est tombée de vétusté. Cependant,
s'il veut déguerpir, il doit remettre l'immeuble
dans un état tel qu'il puisse garantir les droits du
bailleur.

Le preneur, bien qu'il ne puisse agir en maître,
puisqu'il doit une rente, peut cependant changer
la forme de l'héritage, pourvu que de cette transformation il ne résulte pas une diminution dans
les sûretés du bailleur. Il aura même la faculté
de faire disparaître une partie des biens sur lesquels porte la rente, en garantissant au bailleur,
au moyen d'une hypothèque, le service de la
rente.

§ 2. — Diverses clauses du bail à rente.

Les parties peuvent insérer dans le contrat de constitution de rente la plupart des clauses qui peuvent être stipulées dans la vente, telles que celles relatives à la contenance ou aux qualités de l'héritage qui fait l'objet du contrat. Le preneur peut aussi user des mêmes actions qu'en matière de vente : par exemple, si l'immeuble n'a pas la contenance déclarée dans l'acte, ou s'il manque de quelqu'une des qualités qui y sont énoncées, le preneur a le droit de demander la diminution de la rente, et même dans certains cas, la résolution du bail.

Outre les clauses qui sont communes à la vente et au contrat de bail à rente, il en est qui sont propres à ce dernier. Ce sont les seules qui doivent nous occuper. Elles peuvent être dans l'intérêt de l'une ou de l'autre des parties. Voici les principales clauses établies dans l'intérêt du bailleur.

I. *Clause par laquelle on stipule des deniers d'entrée.* — Souvent le preneur s'oblige à donner au bailleur des deniers d'entrée ou autres choses mobilières ; dans ce cas, le contrat est mêlé de vente, et en suit les règles à l'égard de cette clause, soit pour le retrait, soit pour les profits de vente.

II. *Clause de fournir et faire valoir la rente.* — Cette clause, qui était très-usitée du temps de Po-

thier, obligeait le preneur envers le bailleur à payer
à ce dernier la rente à perpétuité, dans le cas où
cette rente ne pourrait pas être acquittée sur
l'héritage. Le preneur était lié par une obligation
personnelle, il ne pouvait se libérer soit en aliénant soit en déguerpissant l'immeuble. Cependant,
comme cette obligation n'était que subsidiaire, si le
propriétaire de la rente lui réclamait le paiement
des arrérages courus depuis l'aliénation, il pouvait être renvoyé à discuter le possesseur de l'héritage. Les héritiers du preneur étaient comme lui
tenus à perpétuité de la prestation de la rente, à
moins que l'héritage ne fût entièrement détruit.

III. *Clause de payer la rente à toujours et à perpétuité.* — Outre la clause de fournir et faire valoir, le preneur pouvait encore s'engager personnellement à payer la rente à perpétuité. Dans ce
cas comme dans le précédent il ne pouvait se libérer ni en déguerpissant ni en aliénant.

IV. *Clause de méliorer l'héritage.* — Pour assurer
d'une manière plus certaine le payement de la
rente, le bailleur stipule souvent que le preneur
sera tenu de faire certaines améliorations, de manière que l'immeuble vaille toujours la rente et
plus. Dans ce cas le preneur contracte une obligation personnelle qui, si elle n'est pas exécutée,
entraîne, comme sanction, l'expulsion du preneur et la réintégration du bailleur dans sa propriété et, en outre, la condamnation à des dommages et intérêts. Cette obligation pèse non-seu-

lement sur le preneur et sur ses héritiers, mais encore sur les tiers détenteurs de l'héritage baillé à rente ; seulement ces derniers, n'étant pas personnellement obligés, peuvent se libérer en abandonnant l'immeuble, faculté qui n'est accordée ni au preneur ni à ses héritiers. Mais du moment que l'obligation est exécutée, c'est-à-dire, dès l'instant que l'amélioration est faite, le preneur est dégagé, et peut déguerpir, que cette amélioration continue ou non de subsister.

V. *Clause de payer les arrérages sans aucune diminution.* — Le bailleur ayant retenu un droit dans l'immeuble reste tenu personnellement d'acquitter certains impôts, mais il est d'usage que le preneur en accepte la charge par une clause de payer les arrérages sans aucune diminution.

Parmi les clauses qui, dans le contrat de bail à rente, peuvent être insérées en faveur du preneur, la plus usitée est la *Clause de rachat.*

En principe les rentes foncières ne sont pas rachetables, car le bailleur s'étant réservé la rente lors de l'aliénation de son héritage ne peut pas être obligé d'en souffrir le rachat, ce serait le forcer à se dépouiller de ce qui lui appartient. Cependant on fait exception à cette règle à l'égard des rentes foncières constituées sur les maisons de la ville et des faubourgs de Paris. Ce fut une ordonnance de Charles VII en 1441 qui accorda pour la première fois la faculté de rachat, et cela pour une raison d'utilité publique, car il arrivait qu'un grand nombre de propriétaires de maisons, dont le revenu était absorbé par le paiement des rentes, laissaient tomber leurs maisons en ruines. Toutefois cette faculté ne concernait que les rentes qui étaient *les premières après le cens.*

Le taux du rachat fut fixé au denier douze.

Henri II, par son édit du mois de mai 1553, étendit ce privilége, mais seulement pour trois ans, aux villes et faubourgs de tout le royaume, et fixa le taux du rachat au denier vingt ; ce ne fut que l'année suivante que, par une déclaration, il permit le rachat à perpétuité, mais toujours sous la même exception à l'égard du premier cens.

Les coutumes réformées de Paris et d'Orléans ajoutèrent une exception au rachat, à l'égard des rentes établies *les premières après le cens et fonds de terre.* Cette exception, considérée comme rentrant dans l'esprit général de l'ordonnance fut, comme elle, appliquée dans tout le royaume. Une rente était réputée *la première après le cens,* quand, au moment de sa création, l'héritage n'était chargé d'aucune autre redevance que du cens ; mais s'il était déjà grevé d'une première rente après le cens, et si, après la création d'une seconde rente, la première était rachetée avec le consentement du créancier, la seconde ne cessait pas d'être rachetable, comme ayant été créée avec cette qualité.

La faculté de rachat établie par les ordonnances précitées ne s'appliquant qu'aux maisons des ville et faubourgs de Paris, il restait encore un grand nombre de fonds privés de cet avantage. Mais comme c'était une charge très-onéreuse pour le preneur d'être assujetti à perpétuité au service de la rente, il était assez usité de stipuler dans le contrat que la rente serait rachetable, moyennant un prix convenu entre les parties. Cependant, si la somme n'avait pas été déterminée, la stipulation n'était pas nulle; on présumait que les parties avaient tacitement fixé au denier vingt le taux du rachat de la rente.

La faculté de rachat, étant une des conditions du contrat, est opposable au cessionnaire de la rente et à ses héritiers, lesquels sont forcés de subir le rachat. De même elle peut être invoquée par le tiers acquéreur de l'héritage aussi bien que par le preneur et ses héritiers, et chacun d'eux peut racheter la rente. Mais si l'immeuble qui en est grevé tombe par suite du partage dans le lot de l'un d'eux, ce dernier seul aura le droit de la rembourser; les autres, n'ayant aucun intérêt à la libération de l'héritage, ne le pourront pas, à moins toutefois que la clause de fournir et faire valoir n'ait été insérée dans le bail, auquel cas chacun des héritiers pourra user de la faculté de rachat, car, étant engagé personnellement, il a intérêt à se décharger de son obligation. Cette exception doit s'appliquer à toutes les clauses qui produisent une obligation personnelle, dont chacun des héritiers est tenu. Le rachat peut encore être fait indifféremment par chacun des héritiers dans le cas où un immeuble que l'on ignorait être grevé d'une rente a été mis dans le lot de l'un d'eux; l'obligation de garantie, à laquelle chacun d'eux est tenu, leur donne un intérêt au rachat de la rente. La faculté de rachat, n'étant pas essentielle, n'est pas non plus imprescriptible.

Le preneur ou ses ayants cause doivent en user dans les trente ans. Ce délai une fois écoulé, la rente reprend son caractère primitif. Cependant, si le preneur est en état de minorité, la prescription ne court pas contre lui, c'est ce qu'indiquent les mots *entre âgés* que l'on rencontre dans l'art. 120 de la coutume de Paris.

On peut encore signaler, comme clause apposée en faveur du preneur, celle par laquelle le bailleur se charge de la foi et des devoirs seigneuriaux envers le seigneur de qui relève l'héritage baillé à rente; c'est ce qu'on appelle *un jeu de fief*. Mais les contrats de cette nature ne sont pas de simples baux à rente, ce sont des rentes seigneuriales et récognitives de la seigneurie que s'est retenue le bailleur.

§ 3. — Des droits et actions du bailleur.

Les anciens auteurs, Loyseau dans son *Traité du Déguerpissement*, et Pothier dans son *Traité du Bail à rente*, n° 81, accordent aux créanciers des rentes foncières trois actions pour faire valoir leurs droits : 1° l'action personnelle, 2° l'action hypothécaire; 3° l'action mixte.

I. *Action personnelle.* — Cette action est accordée contre le preneur et contre les tiers détenteurs ou leurs héritiers pour le paiement des arrérages de la rente courus pendant leur possession, et pendant la possession de leurs auteurs. Elle résulte, comme toute action personnelle, de l'obligation à laquelle s'est engagé le preneur de payer la rente durant sa possession; à l'égard du tiers détenteur, son obligation résulte d'un quasi-contrat par lequel ce dernier est censé s'être obligé envers le bailleur au paiement de la rente pendant le temps qu'il possédera l'héritage. Ces dispositions résultent de l'art. 99 de la Coutume de Paris, qui est ainsi conçu : « Les détenteurs et propriétaires d'héritages chargés de cens et rentes... sont tenus personnellement de payer icelles charges à ceux à qui dues sont, et les arrérages échus de leur temps, tant et si longuement que desdits héritages ou de partie ils seront possesseurs. »

Le possesseur doit servir la rente, non-seulement quand il s'en est chargé par le contrat, mais encore quand il a connaissance de la charge de l'immeuble, et dès l'instant qu'il en est instruit. L'obligation soit du preneur, soit du tiers détenteur passe contre leurs héritiers, qui sont tous tenus personnellement, chacun pour sa part héréditaire, de contribuer au paiement des arrérages courus avant la mort du *de cujus*, quand bien même ils

n'auraient pas succédé à l'héritage grevé de la
rente. Quant aux arrérages qui courent depuis le
décès, ceux-là seuls des héritiers en sont débiteurs,
qui ont succédé à la totalité ou à une portion de
l'immeuble ; ce n'est pas en effet *ex persona defuncti*
et en qualité d'héritiers, qu'ils sont tenus, mais
ex propria persona et comme possesseurs. Les autres héritiers en sont affranchis.

Chacun des héritiers qui a en sa possesion une
part de l'héritage peut être contraint au service
total de la rente, sauf son recours contre qui de
droit. La subrogation aux droits du bailleur qu'il
obtient en le désintéressant complétement lui
permet de recourir contre ses cohéritiers, détenteurs comme lui d'une part de l'immeuble grevé,
mais il ne peut réclamer contre eux que la part des
arrérages dont chacun est personnellement tenu.

II. *Action hypothécaire.* — Le bailleur ne pouvant réclamer du possesseur, par l'action personnelle, que les arrérages courus pendant le
temps de sa possession, ou celle des précédents
possesseurs auxquels il a succédé à titre universel, serait désarmé dans le cas où les arrérages
n'ayant pas été payés, l'immeuble passerait entre
les mains d'une personne qui n'est ni héritière ni
successeur à titre universel du précédent possesseur. Mais l'immeuble, étant lui-même considéré
comme débiteur de la rente, est donc affecté au
paiement des arrérages. Aussi a-t-on accordé au
créancier une action, appelée action hypothé-

caire, laquelle a pris naissance dans la nature
même de la rente foncière. Cette action tend à
obtenir du possesseur de l'héritage le service de la
rente, si mieux il n'aime délaisser. Le droit de
rente, comme on le voit, suit l'immeuble dans
quelques mains qu'il passe. Toutefois une différence le distingue de l'hypothèque ordinaire. Le
possesseur de l'héritage contre lequel le créancier intente l'action hypothécaire ne peut renvoyer ce dernier à discuter les précédents possesseurs : il doit le satisfaire lui-même, mais il a
le droit de se faire subroger aux actions du créancier
contre les précédents possesseurs ou leurs héritiers; s'il a omis de requérir la subrogation, il a
de son chef contre eux l'action *negotiorum gesto-
rum*; en matière d'hypothèque au contraire, il
peut opposer le bénéfice de discussion. Cette différence tient à ce que l'hypothèque n'est que
l'accessoire d'une créance personnelle, tandis que
dans la rente foncière l'immeuble lui-même doit
les arrérages, au paiement desquels il est affecté.
Le créancier de la rente est quelquefois obligé
d'avoir recours à l'action hypothécaire, même
pour les arrérages courus pendant la possession,
c'est quand le tiers détenteur ignore la charge
qui grève l'immeuble. Dans ce cas il n'est pas
censé avoir contracté l'obligation de payer les
arrérages, car c'est seulement, comme nous l'avons
vu, la connaissance de la rente dont est grevé le
fonds qui donne naissance au quasi-contrat, d'où

résulte pour le tiers détenteur l'obligation de servir les arrérages.

III. *Action mixte.* — Outre les deux actions dont il vient d'être parlé ci-dessus, on reconnaît au bailleur une autre action, appelée action mixte. Elle a pour but d'obtenir du nouveau possesseur un *titre nouvel* de la rente, et d'assurer au bailleur la continuation de la rente pour l'avenir. C'est aussi une action réelle, qui suit l'héritage en quelques mains qu'il passe ; elle est intentée contre le possesseur quel qu'il soit. Cette dénomination de *mixte* lui vient de ce que, tout en ayant pour objet un droit réel, les conclusions en sont dirigées contre la personne. Le demandeur conclut à ce que le défenseur soit tenu de continuer la rente. « Cette action, dit Pothier, n° 94, se cumule ordinairement avec les précédentes par un même exploit de demande ; car le créancier de rente foncière qui assigne le possesseur de l'héritage sujet à la rente, aux fins qu'il soit tenu de lui passer titre nouvel de la rente, et de la lui continuer tant qu'il sera possesseur de l'héritage, conclut aussi ordinairement par le même exploit contre lui, à ce qu'il soit condamné à lui payer tous les arrérages qui en sont échus ; ce qui renferme l'action personnelle à l'égard de ceux échus durant le temps de sa possession, et l'hypothécaire, s'il y en a de dus avant le temps de sa possession. » En principe cette action se donne contre les nouveaux propriétaires de l'héritage arrenté, qu'ils aient succédé au pre-

neur soit à titre universel, soit à titre singulier, mé-
diatement ou immédiatement, s'ils n'ont pas encore
passé au créancier un nouveau titre de reconnaissance de la rente. Elle peut aussi se donner contre
les possesseurs de bonne ou de mauvaise foi qui,
jouissant des avantages de la propriété, ne peuvent .
se refuser à en accepter les charges. Enfin l'usufruitier en est tenu cumulativement avec le propriétaire, et si le créancier préfère diriger ses
poursuites contre le nu-propriétaire, celui-ci se
fait tenir compte des arrérages par l'usufruitier.

Outre les droits accordés au bailleur à rente et
qui viennent d'être énumérés, il y en a encore
d'autres. Si l'héritage sujet à la rente est affermé,
le bailleur a le droit de faire arrêter les fermages et
loyers, sur lesquels il a un droit de préférence. Si
l'immeuble est cultivé par le preneur lui-même, le
créancier a, pour le paiement des arrérages, et
pour toutes les obligations résultant du bail, un
droit de gage sur les fruits produits par l'héritage
et sur tous les meubles, tant ceux qui garnissent la
maison que ceux qui servent à l'exploitation de la
ferme. Il n'y a pas d'ailleurs à distinguer si ces
meubles appartiennent ou non au débiteur de la
rente. Ce droit permet au bailleur de se faire payer
sur les fruits et sur les meubles par préférence aux
autres créanciers; il lui permet en outre, au cas
de déplacement des choses dont nous venons de
parler, de les suivre et de les faire rétablir pour sa
sûreté, comme cela a lieu en matière de louage.

Cependant le bail à rente et le louage diffèrent en un point, c'est que, tandis que le bailleur ordinaire peut s'opposer à la saisie des effets du locataire, et en obtenir mainlevée, si le saisissant ne s'engage à l'exécution du bail, le créancier d'une rente ne jouit pas de ces droits.

§ 4. — De la contribution du bailleur à rente foncière aux charges de l'héritage.

Le preneur, ayant seul la jouissance proprement dite de l'immeuble, est seul tenu des charges annuelles ordinaires imposées aux propriétaires, soit envers le roi, soit envers le seigneur, à moins que, dans ce dernier cas, le bailleur ne se soit réservé le domaine direct et le droit de *porter la foi*. Il n'en est pas de même pour les charges extraordinaires, qui ne se paient pas avec les seuls revenus ; car l'effet du bail à rente étant de démembrer l'héritage, les charges extraordinaires doivent être supportées tant par le créancier de la rente que par le possesseur. Ainsi les tailles pour les réparations d'église, pour l'entretien des troupes levées extraordinairement et autres semblables, sont réparties entre eux dans la proportion de leurs droits, le preneur payant à raison de ce dont la valeur de l'héritage excède la valeur de la rente foncière. Il n'en est pas de même des charges qui ont pour effet d'améliorer l'héritage, comme celles relatives à la réparations des chemins dont l'immeuble est voisin : le propriétaire seul en est tenu.

§ 5. — Du droit du preneur à rente foncière.

Le droit que le preneur acquiert sur l'héritage par suite du contrat de rente foncière est un véritable droit de propriété, le droit que retient le bailleur étant un simple droit foncier. D'où il suit : 1° qu'il transmet son droit à ses héritiers ; 2° qu'il peut disposer comme bon lui semble de l'héritage et en changer la forme, sans cependant le détériorer ; 3° que l'immeuble est aux risques du preneur, qui doit continuer de payer les arrérages dans leur intégrité, bien qu'une partie de l'héritage ait péri par force majeure ; pour que la rente fût éteinte, il faudrait que l'immeuble tout entier eût été détruit ; 4° que le possesseur profite des augmentations de l'héritage, comme des alluvions ; le créancier ne peut s'en faire un titre pour réclamer une rente plus forte.

§ 6. — De l'extinction des rentes foncières.

Le contrat de bail à rente prend fin :

1° Par la destruction totale et fortuite de l'immeuble grevé de rente, à moins qu'on n'ait inséré la clause de *fournir et faire valoir*, ou celle de *payer la rente à toujours.* Dans ces deux hypothèses, bien que le fonds n'existe plus, le preneur n'en devra pas moins continuer le service des arrérages ; il est tenu en vertu d'une obligation personnelle résultant des clauses du contrat ;

2° Par le rachat, que la rente soit rachetable, ou

que, ne l'étant pas, le créancier ait consenti à le
recevoir ;

3° Par la remise que le créancier fait de son droit,
soit par testament, soit par acte entre-vifs à titre
onéreux ou gratuit ; pour cette remise il faudra au
créancier la capacité ordinaire d'aliéner les biens
immeubles, sous la distinction toutefois des divers
actes ci-dessus énoncés ;

4° Par la novation, lorsque le créancier accepte une
autre obligation au lieu et place de celle de la rente ;

5° Par la consolidation, ou réunion sur la même
tête du droit de rente et de la propriété de l'héritage, par succession ou autrement ;

6° Par l'adjudication par décret, sans que la
charge de la rente ait été révélée à l'adjudicataire ;

7° Par la rescision. Les vices qu'entraîne la
rescision du contrat de vente sont aussi des causes
de rescision en matière de rente. Ainsi la lésion
d'outre-moitié produit le même effet dans la rente
que dans la vente ; le preneur, comme l'acheteur,
peut empêcher la rescision en s'offrant à augmenter la rente jusqu'à concurrence de la valeur à
laquelle l'équité demandait qu'elle fût portée lors
de la convention. Cependant, tandis que dans la
vente la connaissance, par le propriétaire, de la
valeur de son immeuble, au moment du contrat,
n'est pas un obstacle à l'exercice de l'action en rescision, dans la rente au contraire elle paralyse
l'action, car on ne peut pas supposer comme dans
la vente que le besoin d'argent ait été le mobile du

bailleur. Quant aux règles relatives aux prestations auxquelles donne lieu l'action en rescision en matières de vente, elles sont presque toutes applicables au bail à rente; seulement le preneur sera toujours tenu des dégradations causées à l'héritage par sa négligence; il n'en est pas de même à l'égard de l'acheteur. Cette différence tient à ce que ce dernier se croyant propriétaire de l'immeuble peut en disposer à son gré; le preneur, au contraire, sait que la propriété ne lui appartient qu'à la charge de la rente, et qu'il est de son devoir de ne pas laisser détériorer l'héritage;

8° Par la résolution. Les clauses résolutoires qui peuvent être invoquées dans la vente peuvent l'être aussi dans le bail à rente; les actions qui en découlent sont aussi les mêmes dans les deux contrats;

9° Par le déguerpissement;

10° Par la prescription. Ces deux derniers modes d'extinction exigent quelques développements.

I. *Déguerpissement.* — Le déguerpissement est défini par Pothier, « un acte par lequel le possesseur d'un héritage chargé d'une rente foncière, pour se décharger de cette rente, abandonne en justice l'héritage au créancier de la rente. »

Autrefois on doutait si le preneur pouvait en abandonnant l'héritage grevé de la rente se décharger du paiement des arrérages. La plupart des anciens auteurs refusaient ce droit au preneur qui, disaient-ils, avait contracté une obligation personnelle. L'ancienne coutume d'Orléans avait consacré cette opinion. Mais le déguerpissement fut autorisé par l'Ordonnance de 1441, qui permettait « aux preneurs à rente de renoncer aux maisons, en les laissant en aussi bon état qu'elles étaient au temps de la prise. » La nouvelle coutume d'Orléans se conforma à l'Ordonnance. Cette disposition résulte de la nature même du contrat de bail à rente.

Le droit du bailleur en effet est un droit réel, retenu sur l'héritage même ; le preneur ne peut donc contracter l'obligation de payer la rente qu'autant qu'il détient l'héritage qui en est grevé.

Le déguerpissement étant un abandon de la propriété, il faut pour y avoir recours être propriétaire. Ainsi le preneur d'un fonds grevé tout à la fois d'une rente, et d'une substitution ne peut le déguerpir que sous la réserve de la substitution ; et lors de l'ouverture de leur droit, les substitués pourront, en se chargeant de la rente, revendiquer l'héritage. Le preneur, après la saisie par ses créanciers, peut encore déguerpir le fonds au créancier de la rente ; seulement les créanciers saisissants pourront, en offrant de servir la rente, s'opposer au déguerpissement. Pour user de cette faculté, il ne suffit pas d'être propriétaire, il faut encore avoir l'exercice du droit de propriété. Le mineur donc pour déguerpir valablement devra y être autorisé par décret du juge, à plus forte raison faudra-t-il au mari le consentement de sa femme pour déguerpir un immeuble propre à cette dernière.

Le déguerpissement, pour être valable et pour opérer l'extinction de la rente, doit porter sur l'héritage tout entier, car la charge pèse pour la totalité sur chaque parcelle du fonds; ainsi le preneur, n'en conservât-il qu'une très-minime partie, devra la rente dans son entier, et cela quand bien même dans le bail la rente aurait été répartie également sur chaque portion de l'héritage arrenté, par exemple, quand trente arpents sont baillés à rente moyennant une pistole chacun. Si l'héritage est possédé par plusieurs, et si l'un d'eux déguerpit sa part, le bailleur n'en conservera pas moins dans son intégrité son droit à la rente contre les possesseurs des autres parties qui n'ont pas déguerpi, mais le déguerpissement aura pour effet de décharger de la rente le possesseur qui a déguerpi.

Si depuis le bail, les biens arrentés ont subi une augmentation, dans ce cas, le déguerpissement devra-t-il porter sur ces augmentations ? On distingue : ainsi est-ce par alluvion que l'immeuble s'est augmenté, le preneur devra déguerpir l'alluvion aussi bien que l'ancien terrain. Il en est de même, si des bâtiments ont été construits sur le fonds arrenté, ou s'il y a été fait des plantations; le déguerpissement devra comprendre ces objets par application de la maxime : *Ædificium solo cedit*, et cela sans aucune indemnité de la part du bailleur, car il est à présumer, d'après le déguerpissement même, que l'immeuble ainsi augmenté ne vaut pas plus que la rente, en sorte que le créancier ne se trouve pas enrichi aux dépens du preneur. Si au contraire celui-ci a acheté des terres contiguës à celle qu'il tient à bail, bien qu'il les ait fait valoir ensemble comme faisant partie d'une seule et même exploitation, il ne sera tenu de déguerpir que celles qui ont fait l'objet du bail.

Le déguerpissement peut se faire de gré à gré, quand le preneur y consent ; sinon il faut avoir recours à la justice. Si la rente foncière est due à plusieurs, il faut assigner tous les créanciers, car, si le déguerpissant n'en assigne qu'un seul, et si ce dernier ne veut pas accepter le déguerpissement, le possesseur sera dégagé envers celui qu'il a assigné, mais il continuera d'être tenu envers les autres créanciers. De même lorsque l'héritage est grevé de plusieurs rentes, le possesseur qui veut déguerpir doit assigner tous les créanciers des diverses rentes ; autrement le déguerpissement ne produira son effet qu'à l'égard du créancier assigné. Cependant le déguerpissant sera complétement libéré dans le cas où, l'assignation n'ayant été donnée qu'au créancier de la dernière rente, celui-ci aura consenti au déguerpissement : il est alors tenu du service des rentes précédentes.

Le preneur, pour être admis au déguerpissement, doit rendre indemne le bailleur. Il doit donc payer tous les arrérages de la rente dus et échus jusqu'au jour du déguerpissement. Le débat relatif à ce déguerpissement n'en arrête pas le cours. Les coutumes de Paris et d'Orléans exigent même qu'il paie en entier le terme courant, et tout ce qui reste à courir de l'année, si la rente doit être acquittée en un seul paiement. Si le bailleur se refuse à recevoir les arrérages, certaines coutumes ordonnent la consignation. Celles de Paris et d'Orléans semblent ne pas exiger cette formalité, car elles portent simplement : « en payant tous les arrérages. » C'est l'opinion soutenue par Loyseau, suivant lequel le preneur est libéré en faisant des offres. Pothier décide avec plus de raison qu'il faut consigner la somme due, car les offres ne sont pas un paiement, il n'y a réellement que la consignation qui puisse en tenir lieu.

Lors du déguerpissement l'héritage doit être en aussi bon état que lors du contrat. Les coutumes d'Orléans et de Paris portent : « en laissant l'héritage en aussi bon état et valeur qu'il était au temps de la prise. » Ce qui est exigé du preneur qui veut déguerpir, ce n'est cependant pas de remettre l'héritage précisément dans le même état que lors du contrat de bail, mais seulement de le remettre en bon état. Ainsi d'abord le preneur devra faire toutes les réparations de simple entretien, même celles qui seraient nécessitées par force majeure : quant aux reconstructions ou nouvelles plantations, qui seraient devenues nécessaires pour remettre l'héritage en bon état, le preneur doit les faire, si les immeubles ont été détériorés par sa faute ou par sa négligence ; par exemple si, pour agrandir un jardin, il a arraché des vignes, ou a abattu des bâtiments, il est obligé, avant de déguerpir, de replanter les vignes ou de faire reconstruire la maison. Et même si la détérioration de l'héritage n'est survenue que par suite de vétusté, bien que toute faute du preneur y soit complétement étrangère, ce dernier ne pourrait déguerpir qu'après l'avoir mis en bon état. Mais si c'est par suite d'une force majeure que le fonds a été détérioré, le preneur le rendra tel qu'il se trouve.

Le preneur ne serait pas admis dans sa demande en déguerpissement, s'il offrait la somme à laquelle seraient estimées les dégradations. Il faut de toute nécessité que le preneur remette les choses dans un aussi bon état que quand il les a reçues.

Si le preneur pendant la durée du bail a consenti des servitudes sur l'héritage arrenté, elles doivent être rachetées avant le déguerpissement, car elles ne tomberaient pas par l'application de la règle, *Resoluto jure dantis resolvitur jus accipientis.* Cet adage n'est vrai que quand le droit de celui qui a imposé la servitude se résout *ex causa antiqua.* Dans le cas où ceux au profit desquels sont établies ces servitudes ne consentiraient point au rachat, le déguerpissant doit offrir au créancier la valeur dont l'immeuble est diminué par suite de l'établissement des charges dont il vient d'être parlé.

Si le bailleur n'a pas exigé du déguerpissant la libération de l'héritage dans lequel il va rentrer,

ceux à qui appartiennent ces droits de servitude
pourront les exercer, et, en cas d'opposition de la
part du bailleur, faire assigner ce dernier pour le
contraindre à souffrir l'exercice de leurs droits.
Le bailleur alors pourra s'offrir à leur abandonner
l'héritage, à la charge par eux de lui servir la rente,
sinon il aura congé de leur demande. Cette décision
est conforme aux principes : le premier en effet,
ne possédant l'héritage qu'à la charge de la rente,
ne peut concéder plus de droit qu'il n'en a lui-
même.

Quant aux hypothèques consenties par le preneur, le déguerpissant n'est pas tenu de les purger, car elles ne peuvent grever l'immeuble arrenté que pour le surplus de la valeur de la rente.

Si l'immeuble arrenté a été aliéné par le preneur,
et que le tiers détenteur, qui l'a acquis à la charge
de la rente, et en a connaissance, veuille déguerpir,
quelles règles devra-t-il suivre ? Ici comme plus
haut le principe est que la condition du bailleur
ne doit pas être pire que celle où il se trouverait,
si l'héritage n'avait pas été aliéné. Il devra d'abord
payer les arrérages courus depuis son acquisition,
et réparer toutes les dégradations survenues depuis
cette époque par son fait ou par sa faute. Mais
devra-t-il aussi payer les arrérages courus avant
qu'il se soit rendu acquéreur ? C'est l'opinion de
Loyseau. Cet auteur s'appuie sur l'ordonnance
de 1441, art. 20, qui, sans distinguer les tiers détenteurs et les héritiers des preneurs, dit que les

propriétaires des maisons chargées de rentes seront admis à les délaisser en l'état où elles étaient au temps de la prise, et se fonde en outre sur les coutumes d'Anjou, du Maine, du Poitou, qui, sans faire aucune distinction entre les héritiers du preneur et les tiers détenteurs, exigent comme condition du déguerpissement qu'on paie tous les arrérages dus et échus, sans distinguer s'ils sont échus pendant la possession du déguerpissant ou auparavant. Le tiers détenteur ne peut donc être admis à déguerpir qu'en payant les arrérages, même ceux échus avant son acquisition, en réparant toutes les dégradations, même celles antérieures à cette époque, si toutefois elles ne résultent ni de force majeure ni de cas fortuit, et en dégrévant l'héritage des servitudes même imposées par son auteur. Loyseau admet en outre que si le créancier a accepté le déguerpissement, sans avoir exigé du déguerpissant les arrérages courus durant la possession de son auteur, les arrérages devront être payés non-seulement par ce dernier, mais même par le tiers détenteur qui a déguerpi, car en déguerpissant il a contracté l'obligation de les payer.

La coutume d'Orléans n'était pas conçue dans l'esprit de Loyseau, elle portait (art. 134) : « Pourvu qu'il ait payé les arrérages du cens et autres redevances qui sont dues et échues pendant et durant le temps que ledit détenteur aura tenu l'héritage. »

Comme on le voit, la coutume d'Orléans n'assu-

jettissait pas le preneur à payer les arrérages
échus avant sa possession. Mais quant aux dégradations, il n'en faut pas moins décider que celles antérieures à l'acquisition, aussi bien que celles qui sont
postérieures, devront être réparées avant que l'héritage soit déguerpi. Et les frais de ces réparations
seront supportés définitivement par le tiers détenteur, qui ne pourra pas demander compte à son
auteur des détériorations qu'il a fait subir à l'immeuble durant sa possession ; à l'époque, en effet,
où il s'est rendu acquéreur, il connaissait dans quel
état était l'héritage, et quelles étaient les charges
qu'il aurait à supporter s'il voulait déguerpir.

Si l'acquéreur de l'immeuble, au lieu de savoir
dès le principe, comme il vient d'être supposé,
que l'immeuble qu'il achète est grevé d'une rente,
n'en a eu qu'une connaissance tardive, à quelles
obligations le déguerpissement le soumet-il ?

Il faut distinguer à quelle époque il a acquis
connaissance de la charge qui pèse sur l'héritage.
S'il n'en a été instruit que par l'assignation que lui
a donnée le bailleur pour reconnaître la rente,
comme il avait juste sujet de croire que le fonds
était libre, il peut déguerpir sans payer d'arrérages, pas même ceux courus pendant sa possession. Il ne sera non plus tenu d'aucune dégradation, quand même elles procéderaient de son
fait ; se croyant propriétaire de l'immeuble, on ne
peut pas lui imputer à faute d'en avoir disposé à
son gré *re sua abuti credidit*. Cependant, si de ces

détériorations il a tiré un profit, par exemple s'il a abattu des futaies pour les vendre, s'il a démoli des bâtiments, et vendu les matériaux, il sera tenu de rendre les sommes dont il a profité. Pour qu'il jouisse de ces avantages, il faut qu'il déguerpisse avant la contestation en cause, et *a fortiori* avant la sentence définitive, qui le condamne à reconnaître la rente ; sinon il est tenu, jusqu'à concurrence des fruits, tant des arrérages courus depuis sa possession que des détériorations survenues dans le même temps.

Si avant que la demande en reconnaissance de la rente ait été intentée, le tiers détenteur a su que l'immeuble était grevé de cette charge, il est tenu depuis cette époque des arrérages, ainsi que des dégradations survenues par son fait, par sa faute, ou même par sa négligence.

Le déguerpissement du tiers détenteur opère la résolution du bail ; il éteint rétroactivement le droit de propriété, en le libérant du service de la rente, et fait revivre les droits de servitudes ou d'hypothèques qu'il avait sur l'héritage lors du bail, ou de l'acquisition qu'il a faite de l'immeuble.

La renaissance des droits réels au profit du preneur originaire fait plus de difficulté que pour le tiers détenteur ; en effet, par le contrat de bail le preneur a volontairement laissé éteindre par confusion les droits qu'il avait sur l'immeuble, et il ne doit pas dépendre de lui de les faire revivre à son gré ; tandis que le tiers détenteur étant considéré comme évincé par le déguerpissement, son acquisition, et par suite la confusion des droits, paraissent n'avoir pas été irrévocables. Cependant Loyseau et Pothier, ne s'arrêtant pas à cette différence, décident que les droits réels renaissent pour le déguerpissant.

Il est bien entendu que durant la possession du déguerpissant la prescription ne court pas contre lui quant aux droits dont, avant sa détention, il jouissait sur l'immeuble qu'il détenait à titre de bail à rente, car il ne pouvait agir contre lui-même. La prescription reprend son cours après le déguerpissement.

Le déguerpissement n'a pas pour effet de transporter *per se* au créancier de la rente foncière la propriété de l'héritage déguerpi; il lui donne seulement la faculté d'y rentrer et d'en recouvrer la propriété, s'il veut accepter le déguerpissement: ce n'est que par cette acceptation que le créancier acquiert le droit de rentrer dans son héritage; ainsi jusqu'à cette époque, le déguerpissant a le droit de signifier une révocation de son déguerpissement et de reprendre l'héritage.

Jusqu'à cette époque aussi, l'immeuble n'a pas de maître, le créancier n'en est pas encore devenu propriétaire, mais il a le droit de le redevenir; ce droit suffit pour empêcher le fonds d'être considéré comme vacant et pour écarter le seigneur haut justicier qui prétendrait avoir des droits à l'immeuble, et cela quand bien même ce dernier offrirait de servir la rente.

L'héritage arrenté peut être entre les mains de plusieurs possesseurs; si l'un d'eux déguerpit sa part et que le créancier accepte le déguerpissement, la rente est éteinte pour une part égale à la portion de l'immeuble déguerpi ; mais le créancier n'en conserve pas moins la solidarité contre les autres détenteurs, déduction faite de la part dont était tenu celui qui a déguerpi. Leur position doit être absolument la même que celle dans laquelle ils se seraient trouvés si aucun d'eux ne s'était retiré. C'est ce qui arrive en effet; chacun d'eux, en définitive, ne sera tenu que de sa part dans la rente. Cependant le créancier, à qui l'un des possesseurs a déguerpi sa part dans l'héritage, a un moyen pour réclamer la dette entière à ceux qui n'ont pas déguerpi : c'est d'abord de refuser le déguerpissement, puis de le dénoncer aux autres possesseurs de l'héritage, ainsi que le refus qu'il fait de l'accepter ; il doit de plus leur déclarer qu'il les subroge en ses droits, pour se mettre en possession de la partie déguerpie. Entre eux l'héritage se divise proportionnellement à la part dont chacun d'eux est tenu dans la rente.

Quand il y a plusieurs créanciers d'une rente, que le déguerpissement est fait à tous et qu'ils acceptent tous, chacun rentre dans l'héritage pour la part qu'il a dans la rente. Si quelqu'un d'eux refuse, sa portion accroît à ceux qui acceptent.

Lorsque l'héritage est chargé de plusieurs rentes, celui des créanciers qui poursuit le déguerpissement rentre dans l'héritage, et paie les autres rentes dont est grevé l'immeuble. Si les poursuites sont dirigées par différents créanciers pour différentes rentes, celui-là doit être préféré dont le droit est le plus ancien. En cas de déguerpissement volontaire, le créancier de la rente la plus ancienne doit passer avant tous les autres.

D'après tout ce qui précède, on voit que la faculté de déguerpir est la règle générale, et qu'elle peut être imposée au créancier; pour y déroger il faut une convention contraire. C'est ce qui arrive quand on a inséré les clauses de fournir et faire valoir la rente, ou de payer la rente à perpétuité, ou de méliorer l'héritage. Dans ce dernier cas le déguerpissement n'est prohibé que jusqu'à ce que le preneur se soit acquitté de son obligation. Le déguerpissement est encore impossible, quand le preneur s'étant engagé à payer à l'acquit du bailleur le montant de la rente à un tiers, créancier de ce dernier, il s'oblige en même temps à en acquitter et indemniser le bailleur. Dans ce cas, le preneur est censé avoir contracté une obligation personnelle.

Ces différentes clauses ne lient que le preneur et ses héritiers, mais en aucune façon le tiers acquéreur qui peut se libérer de la rente en déguerpissant. Si le créancier ne veut pas recevoir le déguerpissement, le tiers détenteur peut le dénoncer

au preneur, qui doit continuer de servir la rente
au créancier, à la charge par celui-ci de subroger
le preneur dans ses droits. Le tiers détenteur
peut déguerpir même quand il a acquis expressément à la charge de la rente; mais il n'a
plus cette faculté, s'il s'est engagé à acquitter
le preneur des obligations portées au bail à
rente.

II. *Prescription.* — Ce mode d'extinction de la
rente peut résulter soit de la possession de l'héritage comme franc de la rente, soit du non-usage du
créancier.

La faculté de prescrire une rente grevant un immeuble ne peut évidemment appartenir qu'au tiers
détenteur qui a acquis l'héritage à titre singulier,
sans qu'il ait été prévenu de l'existence de la rente;
ni le preneur, ni ses héritiers, ni même les tiers détenteurs qui ont acquis l'immeuble avec charge,
ou qui en ont connaissance, ni leurs héritiers, ne
peuvent invoquer cette prescription. Elle est établie par l'art. 114 de la coutume de Paris conçu en
ces termes : « Quand aucun a possédé et joui par
lui et ses prédécesseurs, desquels il a le droit et
cause, héritage ou rente à juste titre de bonne
foi, par dix ans entre présents, et vingt ans entre
absents, âgés et non privilégiés, franchement et
paisiblement, sans inquiétation d'aucune *rente* ou
hypothèque, tel possesseur dudit héritage a acquis
prescription contre toutes *rentes* et hypothèques
prétendues sur ledit héritage ou rente. »

Il faut, comme on le voit, pour qu'il y ait prescription :

1° Que le tiers détenteur ait possédé l'héritage pendant dix ans entre présents et vingt ans entre absents. Il n'est pas nécessaire qu'il ait possédé par lui-même pendant le temps exigé par la loi ; il peut joindre sa possession à celle de ses auteurs, pourvu qu'elle forme le délai suffisant pour que la prescription soit opérée.

2° Que la possession n'ait pas été interrompue de fait ou de droit. Il y a interruption de fait, quand, après avoir possédé comme libre l'héritage grevé d'une rente, le tiers détenteur, avant le temps nécessaire à l'accomplissement de la prescription, a laissé usurper l'immeuble par une tierce personne. Il devra, pour prescrire la rente, posséder de nouveau le fonds qui en est grevé, pendant le temps nécessaire à la prescription, absolument comme s'il n'avait jamais possédé avant l'usurpation ; quant aux interruptions de droit, elles résultent des actes judiciaires ou extrajudiciaires, qui d'après le droit commun interrompent toute prescription en révélant chez le créancier la volonté d'user de son droit.

3° Que cette possession ait été de bonne foi. Il ne suffit pas que la bonne foi ait existé au commencement de la possession ; il faut qu'elle continue pendant tout le temps nécessaire à la prescription ; la mauvaise foi survenue avant cette époque arrête la prescription.

4° Que le possesseur produise son titre d'acquisition de l'héritage, ne contenant aucune déclaration de rente. Le possesseur qui ne produirait pas son titre, ne pourrait prescrire la rente que par trente ans.

5° Qu'il n'y ait aucune cause de la part du créancier qui ait empêché la prescription de courir contre lui. Ainsi la prescription ne court pas contre le créancier, quand celui-ci a une juste cause d'ignorer l'aliénation de l'héritage arrenté, par exemple lorsque le preneur « était toujours demeuré en possession de l'héritage, par le moyen de location, rétention d'usufruit, constitution de précaire, et autres semblables. » (Cout. de Paris, art. 115.) Le créancier ayant été dans l'impossibilité d'interrompre la prescription, elle ne pouvait courir contre lui. Durant le mariage, la prescription ne court pas contre la rente établie sur un fonds appartenant à la femme et que le mari a aliéné sans déclarer la rente, car tant que dure le mariage, le mari est censé empêcher la femme d'agir contre le tiers acquéreur. La faveur accordée à la minorité empêche aussi la prescription de courir contre un créancier mineur.

Quant aux rentes dues aux églises et aux communautés, elles ne se prescrivent que par quarante ans de possession.

La prescription peut aussi résulter du fait que le créancier n'a pas usé des droits que lui accordait le contrat de rente. Cette prescription n'étant pas,

comme celle dont il vient d'être question, fondée
sur la possession, mais sur la négligence du créancier à faire servir la rente, peut être opposée par
le preneur et ses héritiers, par ceux qui ont acquis
à la charge et avec la connaissance de la rente, aussi
bien que par ceux qui ignoraient son existence,

Quant au délai nécessaire pour l'accomplissement de cette prescription, c'est celui du droit romain, c'est-à-dire trente ans. Lorsque la prescription a éteint le droit du créancier, mais seulement
contre le possesseur d'une partie de l'héritage arrenté, les détenteurs des autres parties continuent
d'être tenus solidairement, et ne peuvent se prétendre déliés de la solidarité, parce que le créancier, par la prescription qu'il a laissée courir contre
lui, s'est mis, par sa faute, dans l'impossibilité de
subroger à ses droits contre le possesseur libéré
celui des codétenteurs qui l'a désintéressé complétement. On considère que ces derniers sont en faute
de leur côté de n'avoir pas eux-mêmes, en payant
la part de leur codébiteur négligent, arrêté la
prescription avant son accomplissement. Ils ne
peuvent donc se prévaloir contre le créancier d'une
faute qui leur est commune avec lui.

Du reste on appliquera ici toutes les règles auxquelles sont soumises les obligations au point de
vue de la prescription ; ainsi pour ce qui regarde
ses effets, les manières dont elle s'interrompt et
dont elle se couvre, les causes qui en empêchent le
cours et les personnes qui ne tombent pas sous l'ap-

plication de la prescription de trente ans, il faut
se référer aux principes des obligations en cette
matière.

SECTION II.

DES RENTES FONCIÈRES DANS LE DROIT INTERMÉDIAIRE.

Durant le droit intermédiaire, la rente foncière subit de notables changements. La loi du
4 août 1789 la déclare rachetable. Une loi des
18-29 décembre 1790 (art. 1ᵉʳ) reproduit le même
principe, et déclare rachetables toutes les rentes foncières, soit en nature, soit en argent, de quelque
espèce qu'elles soient, quelle que soit leur origine,
à quelques personnes qu'elles soient dues. Cette
loi défend en outre de créer à l'avenir aucune redevance foncière non remboursable, mais elle
permet les baux à rente ou emphytéose non perpétuels, lesquels seront exécutés pour toute leur
durée et pourront être faits pour quatre-vingt-
dix-neuf ans et au-dessous, ainsi que les baux à
vie, même sur plusieurs têtes, pourvu qu'elles
n'excèdent pas le nombre de trois. Toutefois, de
cette atteinte profonde portée à la nature des
rentes foncières, il ne faut nullement conclure,
comme l'ont fait quelques auteurs, que ces rentes
ont perdu leur caractère immobilier; tout au
contraire il leur a été conservé par la loi de
1790 ; l'art. 3 du titre V de cette loi est conçu en
ces termes : « La faculté de racheter les rentes fon-

cières ne changera pareillement rien à leur nature
immobilière, ni quant à la loi qui les régissait ; en
conséquence, elles continueront d'être soumises
aux mêmes principes, lois et usages que ci-devant,
quant à l'ordre des successions, et quant aux dispositions entre-vifs et testamentaires, et aux aliénations à litre onéreux. »

Le bailleur pourra donc agir soit contre le preneur personnellement, soit hypothécairement sur le
fonds aliéné, comme il en avait la faculté sous
l'empire du droit ancien, et le possesseur pourra
toujours déguerpir l'immeuble, lorsqu'il ne sera
pas personnellement engagé.

La loi de 1790, en conservant aux rentes leur
caractère immobilier, a aussi maintenu toutes les
conséquences qui en découlent. S'occupant d'a-
bord des intérêts de l'agriculture et du crédit foncier, elle décide (tit. V, art. 1er) que la faculté de rachat accordée aux débiteurs des rentes foncières
ne dérogera en rien aux droits dont les bailleurs
à rente ont joui jusqu'alors ; qu'en conséquence
les créanciers bailleurs continueront d'exercer les
mêmes actions hypothécaires, personnelles ou
mixtes, avec les mêmes priviléges qui leur étaient
accordés par les lois, coutumes et statuts antérieurs.

Puis passant aux intérêts des tiers, elle déclare
de même (tit. VI, art. 1) que la faculté de rachat des rentes foncières ne changera rien aux
droits que les lois, coutumes et usages donnaient

aux créanciers hypothécaires ou chirographaires, lesquels continueront à les exercer comme par le passé.

La loi de 1790 ne prohibe pas non plus pour l'avenir l'établissement de nouvelles rentes foncières conservant le caractère immobilier; mais elle y apporte un changement qui donne à ce contrat un caractère étrange.

Le droit du bailleur sera-t-il réel ou personnel? La loi de 1790 ne s'occupe que de la durée tant des rentes foncières existant que de celles qui pourront être créées dans l'avenir; mais rien n'indique quelle nature elle prétend leur donner. La faculté accordée au débiteur de rembourser la rente à sa volonté est incompatible avec l'idée que la rente foncière est un démembrement de la propriété; car dès l'instant qu'une personne peut être forcée d'abandonner son droit, au gré d'un tiers, on ne peut pas dire qu'elle ait un droit réel. On ne peut guère expliquer cette anomalie qu'en se reportant à l'époque de la confection de la loi, alors que la principale préoccupation du législateur était l'affranchissement du sol; il s'est peut-être trop hâté de le proclamer, sans se rendre bien compte de l'incertitude que cette innovation allait jeter sur la nature des rentes. En outre, décréter le rachat des rentes foncières même antérieurement constituées, c'était donner à la loi un effet rétroactif; mais telle était la nécessité du moment: cette mesure n'aurait pu avoir un effet salutaire, si les rentes qui existaient alors en si grand nombre n'y avaient pas été comprises.

Nous allons reprendre avec quelques détails les principales dispositions de la loi de 1790.

Aux termes de l'art. 1 du titre II de cette loi, le droit d'exercer le rachat appartient à tout propriétaire. Il semble que cette faculté soit réservée à lui seul. Mais ce n'est pas d'une manière aussi restrictive qu'il faut entendre cette disposition. Il est dans l'esprit du législateur de faciliter l'affranchissement des fonds grevés de rente, le rachat sera donc permis à toute personne qui y a intérêt. Ainsi le vendeur, devant à son acheteur la garantie des charges réelles qui pèsent sur l'immeuble, pourra lui-même racheter. Le propriétaire n'est indiqué seul dans la loi de 1790 que parce qu'il est le plus intéressé au rachat. Aussi trouve-t-on, dans l'art. 1 du titre V, la dénomination de débiteur, pour désigner la personne qui peut exercer le rachat.

La loi de 1790 (tit. II, art. 1) permet le rachat partiel : le possesseur de plusieurs héritages situés dans une même commune et grevés d'une rente au profit d'un même individu, peut libérer de la rente chacun de ses fonds séparément. Cependant, si les différents immeubles appartenant à la même personne « sont tenus sous une rente ou une redevance foncière solidaire, » le rachat doit être total. La rente doit encore être rachetée en entier, quand le fonds qui en est grevé est possédé par plusieurs individus, sous l'engagement solidaire du service de cette rente. Dans ce cas, si le rachat total est offert par l'un des débiteurs solidaires, le créancier ne peut se refuser à ce remboursement sans renoncer à la solidarité vis-à-vis de tous les cobligés. Au reste, la loi de 1790 reproduit une disposition de l'ancien droit, laquelle est encore en vigueur aujourd'hui, c'est que « le redevable qui aura fait le remboursement total, demeurera subrogé aux droits du créancier, pour les exercer contre les codébiteurs, mais sans aucune solidarité ; et chacun des autres codébiteurs pourra racheter sa portion divisément. »

Si aucun engagement solidaire de servir une rente ne lie les différentes personnes qui possèdent un fonds grevé de cette charge, chacune d'elles peut racheter divisément la rente au prorata de la portion dont elle est tenue : on reste alors dans les termes du droit commun.

Les différentes dispositions dont il vient d'être parlé ont été modifiées par la loi du 20 août 1792. L'art. 1er du titre II abolit cette solidarité pour le paiement des rentes et autres redevances foncières. Ainsi soit que la solidarité résulte de la détention par une même personne de différents immeubles grevés d'une même rente (cas prévu par la fin de l'art. 1er du titre II de la loi de 1790), soit qu'elle résulte d'un engagement solidaire entre plusieurs copropriétaires d'un fonds chargé d'une rente, elle est supprimée par la loi de 1792 : c'est ce qui

6

résulte d'ailleurs des termes de l'art. 2 de cette loi, qui accorde aux débiteurs solidaires de rentes foncières perpétuelles la faculté de les racheter à l'avenir divisément, au prorata de la part dont chacun d'eux est tenu.

La portion contributive de chacun des débiteurs solidaires au paiement de la rente, grevant un fonds divisé entre eux, sera déterminée au moyen « d'une reconnaissance ou autres actes faits par les possesseurs desdits droits..... des quittances données par les possesseurs des droits, leurs receveurs ou agents, et les collecteurs des rôles et rentiers, lorsque cette quotité y sera déterminée. » (tit. II, art. 3). Si l'immeuble arrenté est indivis, « les codébiteurs seront tenus de faire préalablement constater et vérifier à frais communs, et proportionnellement à la part qui appartient à chacun dans les fonds grevés, la quotité desdits droits solidaires à laquelle ils sont individuellement soumis, contradictoirement avec le propriétaire desdits droits ou lui dûment appelé » (art. 4).

Les dispositions de la loi de 1792 s'appliquent aux droits créés avant sa publication. Les expressions de l'art. 1er de cette loi, « sous quelque dénomination qu'ils existent, » en sont une preuve ; quant aux rentes qui devaient être créées à l'avenir, la loi de 1792 leur était à plus forte raison applicable, car le législateur, dans le but d'affranchir le territoire des charges qui le grevaient, a facilité aux débiteurs les moyens de se libérer contrairement au principe de la non-rétroactivité des lois ; la même faveur ne peut être contestée à ceux qui, après l'établissement du principe de cet affranchissement, auraient consenti de nouvelles redevances sur leurs propriétés.

La disposition de la loi de 1792 n'est que le développement de la faculté de rachat établie pour le passé et pour l'avenir par l'art. 1er, titre I, de la loi de 1790. Et il ne nous paraît pas douteux, malgré l'opinion contraire de certains auteurs, que la loi de 1792 ne fût destinée à régler les rentes créées à l'avenir.

Revenons à la loi de 1790.

Le capital du rachat est déterminé soit par la convention des parties, soit par la loi à défaut de convention.

Quand les parties sont maîtresses de leurs droits, elles peuvent traiter de gré à gré pour telle somme et sous telles conditions qu'il leur plaira. Elles ne pourront attaquer, sous prétexte de lésion, leur convention ainsi faite. Les tuteurs, les grevés de substitution, les maris pour les dots inaliénables des femmes, ne pourront liquider le rachat des rentes appartenant aux mineurs, interdits, substitués, et aux femmes, qu'en la forme et au taux prescrits par le titre III de la loi, et à la charge du remploi. Le redevable, qui ne voudra point demeurer garant du remploi, pourra consigner le prix du rachat, qui ne sera délivré aux personnes qui sont assujetties au remploi qu'en vertu d'une or-

donnance du juge (tit. II, art. 4). D'ailleurs les
tuteurs et autres administrateurs dont il vient d'ê-
tre question peuvent liquider à l'amiable le rachat
des rentes sans être obligés de recourir à des esti-
mations par experts, en se conformant pour cette
évaluation aux règles prescrites par la loi, et en
faisant approuver la liquidation par un avis de parents (tit. II, art. 11).

Lorsque les parties maîtresses de leurs droits ne
s'accordent pas sur le prix du rachat, et dans le cas
où elles ne peuvent traiter de gré à gré, le rachat
se fait suivant les règles et le taux ci-après déterminés.

Les rentes en argent seront remboursables au
denier vingt ; celles en grains, volailles, denrées,
fruits, etc., au denier vingt-cinq de leur produit annuel. Il sera ajouté un dixième auxdits capitaux, à
l'égard des rentes qui auront été créées sous la condition de la non-retenue des dixième, vingtième, et
autres impositions royales (tit. III, art. 1 et 2.).
Cette addition du dixième au capital des rentes
créées sous la condition de non-retenue tient à ce
que cette condition était comprise dans le contrat
originaire, et que les parties étaient convenues
d'une rente, dont le montant était inférieur à
l'équivalent des fruits annuels de l'immeuble. Si
donc ce n'est que dans un acte postérieur au contrat de rente qu'a été stipulée la condition de non-
retenue, il n'y aura pas lieu à l'augmentation du
dixième.

Lorsque les contrats de rentes purement foncières contiendront l'obligation imposée au preneur ou à ses successeurs de payer au créancier un droit casuel en cas de mutation, et de même que dans les pays où cette obligation est établie par les lois, le redevable doit payer un second capital de rachat à raison de ces droits casuels, dont le taux est réglé par le décret du 3 mai 1790 (tit. III, art. 5).

Les droits casuels ont été abolis purement et simplement par l'art. 1er de la loi du 17 juillet 1793, à moins de preuve d'une origine foncière. C'est donc dans ce dernier cas seulement que l'art. 5 de la loi de 1790 peut recevoir son application.

L'évaluation du produit annuel des rentes payables en grains, denrées ou fruits, se fera par experts nommés de gré à gré ou par le juge (tit. III, art. 6).

« A l'égard des redevances en grains, il sera formé une année commune de leur valeur, d'après le prix des grains de même nature, relevé sur les registres du marché du lieu, où devait se faire le paiement, ou du marché plus prochain, s'il n'y en a pas dans le lieu. Pour former l'année commune, on prendra les quatorze années antérieures à l'époque du rachat ; on retranchera les deux plus fortes et les deux plus faibles, et l'année commune sera formée sur les dix années restantes (tit. III, art. 7).

Il en sera de même pour les redevances en vo-

lailles, et autres denrées de cette nature, dans les
lieux où leur prix est porté dans les registres des
marchés. A l'égard des lieux où il n'est point d'u-
sage de tenir de registre du prix des ventes de ces
sortes de denrées, l'évaluation des rentes de cette
espèce sera faite d'après le tableau estimatif qui en
aura été formé, en exécution de l'art. 15 du décret
du 3 mai, par le directoire du district du lieu où
devait se faire le paiement; lequel tableau servira,
pendant l'espace de dix années, de taux pour l'estimation du produit annuel desdites redevances,
le tout sans déroger aux évaluations portées par
les titres, coutumes et règlements » (tit. III,
art. 8). La seconde disposition de l'article n'est que
transitoire. Aujourd'hui, lorsqu'il s'agira d'appliquer la première partie de cet article dans le lieu
où il n'y a point de registre du prix de ces sortes
de denrées, il faudra, à défaut de règles fixées par
la loi, avoir recours au tribunal, qui arbitrera, si,
dans les circonstances de la cause, il convient d'é-
tablir ce prix par une enquête, ou de charger les
experts de faire l'estimation des denrées.

Lorsqu'il s'agit de rentes qui consistent en une
certaine portion de fruits récoltés annuellement
sur les fonds, l'art. 10 de la loi établit une opé-
ration plus compliquée. Il porte : « Quant aux rentes et redevances foncières qui consistent en une
certaine portion des fruits récoltés annuellement
sur les fonds, il sera procédé par des experts que
les parties nommeront, ou qui seront nommés d'of-

lice par le juge, à une évaluation de ce que le fonds
peut produire en nature dans une année commune. La quotité de la redevance annuelle sera
ensuite fixée dans la proportion de l'année commune du fonds, et ce produit annuel sera évalué en
la forme prescrite par l'art. 6 ci-dessus, pour l'é-
valuation des rentes en grains. »

Pour évaluer ce que le fonds peut produire
année commune, les experts ne sont pas astreints
à suivre les règles tracées par l'art. 7. D'abord le
renvoi aux art. 6 et 7 n'est fait que dans la disposition finale de l'art. 10. En outre, il porte simplement : évaluation *de ce que le fonds peut produire*
et non pas évaluation *de ce que le fonds a produit*
en nature dans les quatorze années antérieures.
C'est donc à l'arbitrage et à la conscience des
experts que la loi a abandonné le mode de procéder à l'évaluation. Cette première évaluation
faite, on fixera, au moyen d'un simple compte,
la quotité de la redevance annuelle dans la proportion de l'année commune. Le produit annuel de
la rente sera évalué en argent au moyen de la
formation d'une nouvelle année commune qui
cette fois sera établie conformément aux prescriptions de l'art. 7.

« Si le rachat a lieu entre parties maîtresses de
traiter de gré à gré, le redevable pourra faire aux
créanciers, par un acte extrajudiciaire, une offre
réelle d'une somme déterminée. En cas de refus
d'accepter l'offre, les frais de l'expertise qui de-

viendra nécessaire, seront supportés par celui qui aura fait l'offre, ou par le refusant selon que l'offre sera jugée suffisante ou insuffisante » (tit. III, art. 11). Le redevable doit faire constater le refus du créancier avant de citer ce dernier en conciliation, car avant d'arriver aux procédures judiciaires il est nécessaire de faire constater que les parties n'ont pu s'entendre sur le prix du rachat.

Le rachat doit comprendre tous les arrérages actuellement dus, tant pour les années antérieures que pour l'année courante (tit. III, art. 14).

L'art. 15 porte que les rentes ne s'arrérageront pas; cette disposition a été implicitement abrogée par la loi du 20 août 1792 (tit. III, art. 4), qui établit la prescription quinquennale des arrérages.

L'abolition des droits seigneuriaux a rendu sans objet le titre IV de la loi de 1790. Nous ne nous y arrêterons pas.

Nous avons vu que la faculté de rachat des rentes foncières établie par la loi de 1790 n'en altéra pas la nature réelle et immobilière. Ces caractères subsistèrent jusqu'à la loi du 11 brumaire an VII (1er novembre 1798), sur le régime hypothécaire. Cette loi introduisit plus d'homogénéité dans la législation des rentes, en déclarant que toutes les rentes, soit constituées, soit foncières, et les autres prestations déclarées rachetables par la loi, ne pourront plus à l'avenir être frappées d'hypothèque (art. 7). Cette prohibition est généralement regardée comme ayant enlevé à la rente sa nature foncière, et comme lui ayant imprimé le caractère d'un droit personnel et mobilier.

Les hypothèques établies sur les rentes antérieurement à cette loi continuèrent donc à subsister ; car faire tomber les hypothèques existant sur les rentes foncières qui étaient alors très-fréquentes, c'eût été compromettre des intérêts trop nombreux et trop graves.

La prohibition de frapper désormais d'hypothèque des rentes foncières, portée par la loi du 11 brumaire an VII, jointe à la faculté de rachat de ces rentes, décrétée par la loi de 1790, détermina d'une manière certaine le caractère du contrat de rente. Toute rente foncière créée à l'avenir ne put être qu'un droit de créance, mais celles nées avant et depuis la loi de 1790 jusqu'à celle du 11 brumaire an VII n'en conservèrent pas moins leur caractère indéterminé.

SECTION III.

DES RENTES FONCIÈRES DANS LE CODE NAPOLÉON.

Nous examinerons dans cette section : 1° les caractères constitutifs de la rente foncière; 2° ses effets et les obligations qui en résultent ; 3° ses modes d'extinction.

§ 1er. — Caractères distinctifs de la rente foncière.

Le projet de code ne contenait aucune disposition relative aux rentes foncières, et les différentes lois, qui le composent, furent discutées et publiées

sans qu'on abordât cette matière. Ce n'est que
lors de l'examen au conseil d'État du projet de la
loi du 30 ventôse an XII, relative à la réunion de
tous les titres du Code Napoléon en un seul corps,
que le consul Cambacérès fit observer qu'il fallait
y régler la matière des rentes foncières. C'est ce
qui eut lieu en effet, et une disposition à cet égard
fut introduite, sous le numéro 530, dans le titre
De la distinction des biens. Aussi, tandis que la
promulgation de ce titre porte la date du 14 ni-
vôse an XII, celle de l'art. 530 n'est que du 10 ger-
minal de la même année.

Une vive discussion s'engagea sur le point de
savoir si, dans la nouvelle législation, on admet-
trait les rentes foncières telles qu'elles étaient
dans l'ancienne jurisprudence, ou si on leur laisse-
rait le nouveau caractère, que leur avaient donné
les lois de 1789 et de 1790.

Plusieurs conseillers d'État, à la tête desquels
était M. Tronchet, prétendaient que la rente foncière ne devrait pas être maintenue. Selon eux,
il n'y avait plus de raison pour admettre ce droit ;
le temps en avait détruit tous les avantages. Quand
il s'agissait de défricher de grandes étendues de
terrain, ou de dessécher de vastes marais, on
comprend que l'on concédât des droits perpétuels
à ceux dont les bras devaient transformer, en un
sol productif, un terrain aride ou submergé par
les eaux. Les rentes foncières étaient dans ce cas
un moyen de favoriser l'agriculture, en donnant

les avantages de la propriété moyennant une redevance annuelle, mais elles ne devaient plus présenter les mêmes avantages, dès que l'agriculture
pouvait prospérer par l'émulation naturelle des
intérêts privés. D'ailleurs, à la différence de l'ancien droit où les baux ne pouvaient excéder neuf
ans sans prendre le caractère de rentes foncières,
il devenait très-licite sous l'empire du Code, de
faire des baux de quatre-vingt-dix-neuf ans, et
ainsi le colon pouvait s'assurer une jouissance
assez longue pour ne pas craindre de perdre le
fruit des améliorations qu'il aurait faites. Les
rentes foncières auraient en outre plusieurs inconvénients : d'abord celui d'imposer à l'héritage
une servitude perpétuelle, qui le suivrait en quelques mains qu'il passât, et d'entraver ainsi la circulation des biens ; enfin les intérêts opposés des
possesseurs de fonds et des créanciers devaient
continuer à faire craindre de nombreux procès.

Aux yeux de M. Maleville au contraire, les
rentes étaient une institution avantageuse, et qui
devait être maintenue. N'y a-t-il plus en France,
disait-il, de terrains en friche ? Le nombre des
propriétaires est-il trop grand pour sa surface ?
N'est-il pas au contraire du plus grand intérêt
pour l'État, de voir les propriétaires se multiplier
de jour en jour ? Plus le nombre s'en accroîtra,
plus sa puissance deviendra grande et ferme. Ne
pas admettre dans le Code les rentes foncières,
c'est enlever à l'habitant des campagnes, qui n'a

pour toute richesse que ses bras, une de ses plus
grandes ressources; car, quoi qu'on en dise, le bail
à rente assure au preneur un établissement beaucoup plus durable que le bail ordinaire, dont il
prévoit toujours la fin. Sera-ce la crainte de voir
surgir une source inépuisable de procès qui fera
bannir du Code les rentes foncières? D'abord, les
droits seigneuriaux, l'une des causes qui y donnait
le plus souvent lieu, sont aujourd'hui abolis, ensuite rien de plus facile que de soumettre ce contrat à des règles fort simples. L'entrave à la circulation des biens soumis à la rente foncière, n'est
pas non plus une raison suffisante pour repousser
le bail à rente; car un fonds chargé d'une rente
vaut toujours mieux pour l'État et pour les particuliers qu'un immeuble en friche qui, lui aussi,
est hors du commerce et improductif, tandis que
l'autre paie un impôt et produit des denrées.
D'ailleurs il n'est pas exact de dire qu'un héritage
arrenté soit hors du commerce; dans le midi de
la France, presque toutes les terres sont grevées
de rentes foncières, et elles se vendent comme les
autres, moins le capital de la rente. Sans doute il
faudrait que toutes les rentes fussent créées rachetables, et la meilleure disposition à édicter en cette
matière serait de laisser au preneur la pleine liberté d'abandonner le fonds, dès que la rente lui
deviendrait à charge. Enfin quelle raison pour le
législateur, après avoir permis tous les moyens
d'aliénation, d'en interdire un qui peut convenir

à un si grand nombre de personnes, et qui tourne
en même temps au profit de l'État?

Après ces observations il fut décidé que l'on ad-
mettrait les rentes, mais avec des caractères tout
différents de ceux qu'elles avaient dans l'ancien
droit, et que nous allons examiner.

1. *Nature de la rente foncière.* — Les art. 529
et 530 déclarent mobilière et essentiellement rachetable toute rente perpétuelle établie pour le
prix de la vente d'un immeuble, ou comme condition de la cession à titre onéreux ou gratuit d'un
fonds immobilier. La rente ne sera donc plus à
l'avenir un droit réel, immobilier, mais une simple
créance, une obligation purement personnelle et
mobilière imposée à l'acquéreur d'un immeuble
au moment de la cession. Les conséquences de
ce changement sont faciles à déduire : ainsi par
exemple la rente entrera en communauté sans
récompense, sa cession sera soumise aux règles
des art. 1689 et suiv. sur la vente des créances.
Le contrat constitutif de la rente change également de nature. Ce n'est plus un bail, mais une
véritable vente dont la prestation est le prix, au
moins lorsque la rente est la condition principale
de l'aliénation, et si elle est la charge d'une
donation, elle en sera la condition résolutoire,
sans cesser pour cela de constituer un droit personnel. L'acquéreur, en recevant le fonds, devient
à l'instant plein et parfait propriétaire, sans

qu'aucune partie de la propriété soit retenue par
le cédant.

Cependant, si le créancier de la rente n'a plus,
comme dans l'ancien droit, un démembrement
de la propriété, il conserve, pour le cas d'inexécution des charges, un droit de résolution dont
le caractère réel et immobilier ne saurait être
douteux; en outre, au cas où il joue le rôle de
vendeur, il jouit du privilége attaché à cette qualité, ce qui constitue encore pour lui un droit
immobilier. Mais il n'en résulte pas qu'il puisse
demander aux tiers détenteurs le paiement des
arrérages, comme le pouvait l'ancien bailleur à
rente. Il pourra les évincer, soit par l'action résolutoire, soit par le droit de suite attaché au pri
vilége, mais il n'alléguera de leur part aucune
obligation, en d'autres termes, il ne leur dira
plus : *Aut solve, aut cede,* mais bien : *Aut cede
aut solve.*

Avant d'abandonner ce qui regarde la nature
des rentes foncières, nous devons noter une exception à leur caractère mobilier. Elle porte sur
les rentes dues, à titre de redevance, par les concessionnaires de mines aux propriétaires de la
surface. Cette exception résulte de la loi du 21
avril 1810 (art. 6, 18. 19), d'après laquelle la propriété de la surface comprend la valeur des redevances dues au propriétaire du sol par le concessionnaire étranger; de sorte que ces redevances
sont grevées des mêmes hypothèques qui peuvent

affecter la surface. (Voy. aussi loi du 27 avril 1833 (art. 6) relative à l'asséchement et à l'exploitation des mines.)

Le droit du créancier ne pourra pas non plus être éteint par le déguerpissement; le débiteur aura un autre moyen de s'affranchir de la rente, lorsqu'elle lui paraîtra trop onéreuse, ce sera le rachat.

Une dernière remarque à faire sur la nature de la rente dans la législation moderne, c'est que, ne portant plus directement sur le fonds, elle ne doit plus être appelée rente *foncière*. Ce n'est donc que par un souvenir de l'ancien droit et par le long usage de cette expression que les auteurs qualifient encore de rente foncière la prestation annuelle établie pour l'aliénation d'un immeuble. Nous emploierons souvent nous-même cette locution, qui nous permettra d'exprimer avec brièveté les différences entre les rentes établies moyennant l'aliénation d'un immeuble, et celles constituées au moyen d'un capital mobilier.

Aux termes du premier alinéa de l'art. 530, la rente peut être établie de trois manières, à l'occasion de l'aliénation d'un immeuble: 1° pour le prix même de la vente ; 2° comme condition d'une cession à titre onéreux ; 3° comme condition d'une cession à titre gratuit.

M. Duranton, dans les deux premiers cas de de l'art. 530, prétend que le législateur a entendu régler deux hypothèses très-différentes. Lorsque la rente a été établie directement *pour former le prix même* de la vente, comme lorsque les parties ont déclaré que l'immeuble était vendu moyennant une rente de tant, c'est alors que la rente est foncière dans le sens du droit moderne. Lorsque la rente est établie *pour le prix* de la vente, elle n'est pas censée être le prix même de l'immeuble, mais seulement remplacer le prix convenu entre les parties : ainsi le vendeur et l'acheteur ont stipulé un prix en capital, et ensuite ils sont convenus que ce prix, au lieu d'être exigible immédiatement ou par termes, sera converti en une rente perpétuelle, payable par annuités. Dans ce cas, il y aurait une novation, le droit du vendeur serait désormais une véritable rente constituée, à laquelle il faudrait appliquer les règles, qui seront développées plus tard pour cette dernière. Suivant ce système, le droit du créancier n'est plus garanti par le privilége, il ne peut l'être que par une hypothèque conventionnelle, établie suivant les formes exigées par la loi. Le défaut de paiement des arrérages pendant deux ans ne donne lieu qu'au remboursement du capital de la rente, tandis que si elle a été constituée directement, comme prix de vente, le cédant peut, au lieu du remboursement, demander la résiliation du contrat et rentrer dans le fonds, quand même la cessation de paiement des arrérages ne durerait pas depuis deux ans.

C'est dans ce sens, au reste, que l'art. 530 avait

été conçu lors de sa première rédaction. Mais loin
d'être maintenue, elle a subi, au contraire, une
modification profonde. Le projet était ainsi conçu :
« Toute rente établie à perpétuité, *moyennant un
capital en argent*, ou pour le prix *évalué en argent*,
de la vente d'un immeuble, ou comme condition, etc. » Par ces expressions, « prix de vente
évalué en argent, » on entendait évidemment une
vente déjà convenue pour un prix déterminé, prix
qui serait ensuite converti en rente. Dans la
séance du 10 mars, jour où l'article fut présenté
à la discussion, les mots, *évalué en argent*, furent
supprimés sur la demande de M. Jolivet. (Fenet,
T. XI, p. 70.) L'article fut alors rédigé en ces termes : « Toute rente établie moyennant un capital
en argent, ou pour le prix de la vente d'un immeuble... » Il fut présenté au Tribunat dans ce con-
texte. On s'aperçut immédiatement de la contra-
diction qui résultait des expressions : *moyennant
un capital en argent*, et des termes de l'art. 1911.
C'était en effet soumettre à une nouvelle disposition les rentes constituées déjà réglées au titre
du *Prêt*. Le Tribunat demanda pour ce motif la
suppression des mots : « moyennant un capital en
argent ; » le Conseil satisfit à sa demande. Si le
Tribunat avait également vu une rente constituée
dans les mots : *pour le prix*, il aurait de même demandé qu'ils fussent supprimés. Donc les termes,
rente établie pour le prix de la vente, doivent être
entendus dans le sens de *rente établie comme for-*

7

mant *le prix de la rente.* Le texte même de l'art. 530
prouve que la rente a le même caractère, qu'elle
soit établie pour le prix d'un immeuble, ou comme
condition de la cession d'un fonds immobilier.
Cet article en effet place sur la même ligne les
deux modes de constituer la rente. Donc il faut,
de quelque manière que l'on entende ces mots,
pour le prix de la vente, leur appliquer les mêmes
principes qu'aux mots, *comme condition de la cession d'un fonds immobilier.* Or, les auteurs mêmes
qui veulent trouver dans l'art. 530 une rente foncière et une rente constituée, conviennent, en ce
qui concerne la faculté pour le vendeur de régler
les clauses et conditions du rachat, que ce dernier,
lors même que le contrat renferme d'abord la fixation du prix et ensuite la conversion de ce prix en
une rente perpétuelle, peut régler les clauses du
rachat et stipuler qu'il n'aura pas lieu avant trente
ans (art. 530 et 1911). Si donc les parties peuvent faire ces stipulations, c'est que la rente est
foncière, car en matière de rente constituée,
la règle est que le rachat ne peut être défendu
que pendant dix ans (art. 1911), et que les clauses
ne peuvent être réglées contrairement au taux
légal.

Ainsi toute rente créée directement à l'occasion
de l'aliénation d'un immeuble sera une rente foncière, qu'elle soit établie comme prix intégral du
fonds, ou seulement comme portion du prix dont
l'autre partie doit être acquittée en capital ; qu'elle

le soit enfin à titre de soulte dans un échange ou
dans un partage (art. 833).

Mais il résulte de ce qui précède que la loi n'a
pas réglé le cas, prévu par M. Duranton, où le prix
de vente, d'abord fixé en argent, a ensuite été converti en rente perpétuelle. La difficulté prévue
par cet auteur ne paraît pas devoir être résolue
d'une manière absolue; une distinction est nécessaire : si le prix, d'abord fixé en argent, a ensuite,
et par un contrat séparé, été converti en une rente,
il n'est pas douteux que cette rente, résultat d'une
novation, ne soit *constituée* dans toute la force du
terme, et, comme telle, soumise aux règles des articles 1909 et suivants; mais si la convention a été
faite dans le même acte, il n'est pas naturel de
croire que les parties aient voulu faire une novation au moment même du contrat, et qu'elles aient
entendu dépouiller la rente ainsi établie des avantages que la loi attache à celle qui forme le prix
même de la vente. D'ailleurs la fixation d'un prix
en capital avec conversion dans l'acte même s'explique suffisamment par l'intention, chez les contractants, de régler d'avance le taux auquel la
rente pourra être rachetée.

La rente, pour être rachetable, doit être établie
à perpétuité. Elle est censée perpétuelle, quand
elle est constituée pour plus de quatre-vingt-dix-
neuf ans ou sur plus de trois têtes. Cette disposition est empruntée à la loi de 1790 (tit. I, art. 1ᵉʳ),
dont l'art. 530 consacre implicitement, par son

silence à cet égard, le maintien et la confirmation.
Si donc la rente doit durer moins de quatre-vingt-
dix-neuf ans, où est constituée sur un nombre de
têtes n'excédant pas celui de trois, elle ne sera
pas rachetable ; mais elle sera soumise aux règles
du bail à long terme, et devra être servie pendant
tout le temps déterminé entre les parties.

Si on recherche le motif qui a conduit le législateur à déclarer la rente rachetable, on le trouve
dans la perpétuité même de cette rente. La rente
perpétuelle, en effet, crée pour le débiteur une
sorte de servitude personnelle, dont la loi a dû lui
faciliter l'extinction. Il ne fallait pas que, par suite
d'une convention souvent amenée par la nécessité
et l'empêchement de payer un capital, le débiteur
ou ses héritiers à l'infini fussent astreints envers le
créancier et ses héritiers. En outre, il est toujours
à craindre que les revenus de l'immeuble ne suffisent pas au paiement des arrérages, et que, de
cette façon, le débiteur ne marche à une ruine
certaine ; il lui est donc utile de pouvoir conjurer
ce danger par un remboursement immédiat.

Notons enfin que la rente, qu'elle soit établie
comme condition de la cession à titre onéreux
d'un immeuble, ou comme condition de sa cession
gratuite, peut être stipulée payable à un tiers,
car, bien qu'en général on ne puisse en son propre nom stipuler au profit d'un tiers (art. 1119),
néanmoins la loi admet dans l'art. 1121 deux
exceptions qui reçoivent tout naturellement ici

leur application, à savoir : « On peut stipuler pour un tiers, lorsque telle est la condition d'une stipulation que l'on fait pour soi-même, ou d'une donation que l'on fait à un autre ; » et dans ces deux cas, le stipulant aura la qualité de donateur à l'égard du bénéficiaire.

Le contrat de rente ressemble aux contrats de vente et de louage. Trois choses constituent l'essence des uns et des autres : une chose, un prix, le consentement des parties. En outre, ces trois contrats se forment par le seul effet du consentement ; ils sont synallagmatiques, et appartiennent à la classe des contrats commutatifs.

Outre ces points communs à la rente, à la vente, et au louage, il existe encore d'autres ressemblances entre la rente et chacun de ces contrats. Le contrat de rente, comme la vente, contient une aliénation directe et immédiate, mais soumise aussi à une condition résolutoire tacite, (art. 1184). Comme la vente, il doit être transcrit aux termes de l'art. 1er de la loi du 23 mars 1855 ; à défaut de transcription, il n'est pas opposable aux tiers qui traiteraient ensuite avec le créancier. Le droit de rente, comme la créance du prix de vente, affecte le bien par un privilége que le propriétaire est censé se réserver par le contrat d'aliénation. L'acquéreur ne peut se libérer qu'en payant le capital du rachat. Ce capital forme le prix de l'immeuble ; jusqu'au rachat, le créancier de la rente peut être regardé comme le

créancier de ce prix, la rente annuelle est l'équivalent des intérêts de ce capital. Les parties peuvent ou déterminer simplement le montant de la
redevance annuelle, ou régler d'avance le capital
du rachat. Dans ce cas, le contrat de rente présente tous les caractères d'une vente. Dans le
premier cas, le montant annuel des arrérages sert
de base pour déterminer la quotité du capital du
rachat. Dans ces deux hypothèses il faut de toute
nécessité que les parties fixent dans le contrat
quelle somme sera payée chaque année, car aux
termes de l'art. 1591 C. Nap., la détermination du
prix est nécessaire à la validité d'une aliénation à
titre onéreux. Dans la rente, comme dans la vente,
l'acquéreur et ses héritiers sont débiteurs personnels de la rente et du prix d'acquisition. L'immeuble n'est affecté qu'accessoirement par privilége à la sûreté de la rente ; l'obligation de la servir ne passe pas de droit au possesseur du fonds. La
lésion de plus des sept douzièmes, qui, dans la vente,
est une cause de rescision (art. 1674) entraîne le
même résultat dans la rente ; le cédant peut demander la résolution du contrat pour défaut de paiement
des arrérages, comme le vendeur ordinaire, pour
défaut de paiement du prix (art. 1184 et 1654).

Le contrat de rente ressemble au louage, en ce
que dans l'un et dans l'autre cas le débiteur s'o-
blige à payer une rétribution annuelle.

La rente diffère de la vente et du louage sous
plusieurs rapports ; nous allons les passer en revue.

Dans la vente, les parties stipulent un prix; dans la rente, une redevance annuelle. Dans la vente, le prix doit consister nécessairement en une somme d'argent; dans la rente, il peut consister en une somme d'argent ou en une certaine quantité de fruits ou de denrées. Dans la vente, l'unique somme d'argent, qui forme le prix, est due en entier dès l'instant du contrat, quand même, par la convention des parties, le paiement en aurait été différé et partagé en plusieurs termes; au contraire, dans le contrat de rente, la rente ne naît et n'est due que par partie.

La rente est translative de propriété, le louage au contraire ne transfère aucun droit réel au preneur. Si l'héritage grevé de la rente a été, depuis le contrat, considérablement diminué par une force majeure, l'obligation personnelle de servir la rente n'en continue pas moins en entier, et le privilége subsiste sur la portion qui reste de l'immeuble (art. 2214); au contraire, la diminution de l'héritage loué, survenue depuis le bail, ou même les dégradations causées par force majeure, entraînent la résiliation du contrat, ou la diminution du prix du bail (art. 1722). Quand, par force majeure, le fermier n'a pas recueilli de fruits pendant une année, ou s'il a perdu la moitié de la récolte, la loi lui permet de demander la remise totale ou la diminution des fermages de l'année (art. 1769, 1770); le débiteur de la rente au contraire, étant propriétaire, doit supporter toutes les pertes (art. 1138). Le créancier, outre l'action personnelle qu'il a contre son débiteur et ses héritiers, voit son droit garanti par un privilége immobilier (art. 2103); le bailleur au contraire jouit du privilége mobilier (art. 2102).

Aux termes de l'art. 530, la rente peut aussi être établie comme condition de la cession à titre gratuit d'un fonds immobilier. Ce qui a été dit au cas d'une rente créée à titre onéreux relativement au consentement des parties et à la translation de la propriété reçoit ici son application (art. 938). Seulement, comme alors la donation est le contrat principal, dont le service de la rente n'est qu'un accessoire, qu'une charge, on doit observer les formalités prescrites par les art. 931, 939 et suiv. C. Nap. Ainsi l'acte est passé devant notaires, en minute, et transcrit au bureau des hypothèques de l'arrondissement dans lequel est situé l'immeuble. La rente est soumise aux mêmes règles que la donation pour la capacité des parties (art. 934, 935), et pour les biens qui peuvent faire l'objet du contrat (art. 934 et suiv.). Les trois causes de révocation des donations, inexécution des conditions, ingratitude du donataire, et survenance d'enfant (art. 953), peuvent être invoquées par le donateur à rente, comme par tout autre donateur.

II. *Des choses qui peuvent être aliénées à rente.* — Les choses qui peuvent faire l'objet d'une rente sont les fonds de terre et les maisons, ainsi que les immeubles par destination, en tant qu'accessoires du fonds auquel ils sont attachés ; dès qu'ils en sont séparés, ils rentrent dans la classe des meubles, qui ne peuvent évidemment faire l'objet d'une rente foncière. La rente établie comme condition de l'aliénation d'un meuble n'est donc pas foncière, elle ne donne naissance qu'à une seule obligation personnelle.

L'article 530, par les expressions : *immeuble, fonds immobilier*, comprend-il l'usufruit des choses immobilières et les servitudes, énumérés comme immeubles incorporels par l'art. 526 C. Nap., ou bien n'entend-il parler que des immeubles corporels ? En d'autres termes, la rente établie pour le prix de la vente d'un de ces droits, aura-t-elle la nature de rente foncière ? D'abord pas de distinction à tirer des expressions différentes de l'article : *immeuble, fonds immobilier*. Nous avons vu que les rentes, qu'elles aient été créées pour le prix, ou comme condition de la cession d'un immeuble, sont mises sur la même ligne par l'art. 530. Les deux expressions : *immeuble, fonds immobilier* sont employées dans un sens synonyme ; le rédacteur s'est servi de l'expression *fonds immobilier* dans un simple intérêt de style, et pour ne pas répéter le mot *immeuble*.

MM. Fœlix et Henrion prétendent qu'il faut s'attacher uniquement pour la solution de la difficulté à la question de savoir, si la chose cédée est ou non susceptible de privilége. La rente, disent-ils, n'a aujourd'hui de foncier que le privilége sur l'immeuble. Ce qu'il s'agit de savoir, c'est si la rente établie pour le prix de la vente ou comme condition de la cession d'une certaine espèce d'immeuble est susceptible d'un privilége. Celle-là seule est foncière. Or les servitudes ne peuvent pas être hypothéquées. Aux termes de l'art. 2118, sont seuls susceptibles d'hypothèque les biens immobiliers et l'usufruit de ces mêmes biens. De tous les droits immobiliers énumérés dans l'art. 526, c'est donc l'usufruit seul, qui peut faire l'objet d'une rente foncière, que cet usufruit ait été constitué par le propriétaire de l'immeuble ou cédé par l'usufruitier lui-même.

On objecterait vainement, ajoutent ces auteurs, que l'art. 530 suppose que la rente foncière est établie à perpétuité, tandis que celle qui serait la condition de l'aliénation d'un usufruit ne serait que temporaire. Ils répondent avec raison que l'art. 530 ne subordonne pas la nature de la rente, en tant que foncière, au fait qu'elle a été établie à perpétuité. Ces mots signifient simplement que, sans la stipulation de perpétuelle, la rente n'est pas rachetable, mais nullement qu'elle doive être perpétuelle pour être foncière. Rien n'empêche d'ailleurs de stipuler une rente perpétuelle pour l'aliénation d'un usufruit, puisqu'on peut l'aliéner pour un capital.

Mais nous nous séparons de MM. Fœlix et Henrion pour les servitudes proprement dites; par suite de l'idée que la possibilité de créer une rente foncière pour l'aliénation d'un droit immobilier est subordonnée à la faculté d'hypothéquer la chose, qu'il s'agit d'arrenter, ils sont amenés à refuser l'établissement d'une rente foncière pour l'aliénation d'une servitude. Mais le privilége n'est pas plus nécessaire à l'existence de la rente, qu'il ne l'est à celle de la vente. Or, personne ne doute qu'une servitude ne puisse faire l'objet d'une vente, seulement, dans ce cas, les droits du vendeur ne sont plus garantis par un privilége. Pourquoi n'en serait-il pas de même en matière de rente foncière qui, nous l'avons dit, n'est autre chose qu'une vente ? Nous ne voyons donc aucune raison pour décider que la rente ne pourrait être établie pour l'aliénation d'une servitude.

III. *De la capacité des parties.* — Le contrat de rente, n'étant qu'une aliénation, n'est valable qu'autant que le vendeur à rente est propriétaire de la chose arrentée. Il est nul, si l'immeuble n'appartient pas à celui qui l'a aliéné (art. 1599), et l'acquéreur ne sera plus tenu de servir les arrérages. Quant à ceux qu'il a déjà payés, il ne les recouvrera pas, parce que c'est le droit même de rente qui constitue le prix de la vente, les arrérages en sont comme les intérêts, et se compensent avec les fruits ; il n'y aurait lieu à leur restitution que si la chose n'était pas frugifère (art. 1652), ou si l'acquéreur avait été obligé de rendre les fruits au propriétaire (art. 1630). Mais si l'aliénation a été faite, partie moyennant un capital déterminé, partie moyennant le service d'une rente, le vendeur, en cas d'éviction, devra rendre le capital reçu. Conformément aux règles de la vente, il n'est dû à l'acquéreur de dommages-intérêts, qu'autant que ce dernier est de bonne foi (art. 1599). Tout ce qui vient d'être dit pour le cas où l'immeuble a été aliéné à rente par un autre que par le propriétaire reçoit son application, quand l'acquéreur à rente est lui-même propriétaire de l'immeuble.

De ce que le contrat à rente est une aliénation il suit que les parties, pour le conclure, doivent jouir de la même capacité et satisfaire aux mêmes conditions que lorsqu'il s'agit d'une vente. Si donc l'aliénateur est mineur ou interdit, il faut l'autorisation du conseil de famille, et l'homologation du tribunal (art. 457, 458, 484). S'il est pourvu d'un conseil judiciaire, il doit se faire assister de ce dernier (art. 513). Sous le régime de la communauté, le mari peut, sans le consentement de sa femme, aliéner à rente un immeuble de la communauté (art. 1421); mais il lui faut l'assentiment de sa femme, quand il s'agit d'un immeuble à elle propre (art. 1428). La femme séparée de biens doit obtenir l'autorisation de son mari, ou à son défaut, celle de justice, si elle veut céder à rente un immeuble qui lui est propre (art. 1449). Sous le régime dotal, les biens dotaux étant inaliénables ne sauraient faire l'objet d'un contrat de rente (art. 1554), à moins que l'on ne se trouve dans les cas

prévus par les art. 1557 et 1558 C. Nap. Il pou-
rait alors se présenter des difficultés d'application, à
cause de la nécessité d'assurer l'emploi fidèle des deniers, selon le vœu de la loi, aux dépenses prévues
par elle. On devra, à cet égard, suivre les règles généralement admises par la doctrine et la jurisprudence : le tiers acquéreur ne pourra verser soit les
arrérages, soit le capital au cas de rachat, qu'entre
les mains des créanciers, pour la satisfaction desquels le paiement est autorisé. Quant aux paraphernaux, la femme ne peut en disposer qu'avec
l'autorisation de son mari, ou à son refus avec
l'autorisation de justice (art. 1576).

Notons enfin que le contrat de rente foncière
est défendu entre époux, comme la vente elle-même
(art. 1595).

IV. *Des clauses qui peuvent être insérées dans le
contrat de rente.* — La rente foncière est susceptible de la plupart des clauses qui peuvent être
insérées dans un contrat de vente ; elles y produisent les mêmes obligations, et donnent naissance
aux mêmes actions que dans la vente. Mais certaines clauses sont propres au contrat de rente.
Nous allons les exposer rapidement.

L'acquéreur peut s'engager à donner au créancier de la rente une certaine somme d'argent,
rappelant les anciens deniers d'entrée. Si elle
est considérable, le contrat est mêlé de vente,
et a relativement à cette somme tous les effets
d'une vente ordinaire. Dans le cas contraire, la

somme est regardée comme constituant des arrhes.

Les parties peuvent stipuler que l'acquéreur sera tenu de faire des améliorations à l'héritage. Cette clause, très-usitée dans l'ancien droit, donne naissance à une action personnelle contre celui qui l'a consentie; elle permet au créancier d'obtenir la résolution du contrat et des dommages et intérêts en cas d'inexécution (art. 1184); et comme elle est une condition de l'aliénation inhérente à l'héritage, elle expose les tiers détenteurs à la même résolution, bien qu'ils ne soient pas tenus personnellement au service de la rente. L'acquéreur ne pourrait pas se dispenser de faire les améliorations convenues, en offrant au créancier d'autres sûretés pour le service de la rente.

Cette obligation s'éteint par le rachat de la rente, par la destruction entière de l'héritage, par l'accomplissement de l'obligation elle-même.

L'amélioration une fois faite, quand bien même elle serait depuis détruite par force majeure, l'acquéreur n'est pas obligé de la faire une seconde fois. Mais l'obligation n'est pas éteinte dans le cas où l'amélioration ne peut plus se faire dans la forme portée par la clause, elle doit donc s'acquitter par équivalent.

Nous avons vu que dans l'ancien droit le débiteur de la rente était autorisé à retenir le vingtième des arrérages pour la part contributoire du créancier aux charges et impositions publiques; cette retenue passa dans le droit intermédiaire

avec fixation au cinquième, quoique la nature
de la rente ait paru avoir subi un changement à
partir de l'an VII. Mais sous le Code Napoléon,
la rente est devenue purement mobilière, et l'expression de rente foncière n'a plus d'exactitude,
comme nous l'avons dit plus haut. Il faut donc
admettre que le créancier ne subira aujourd'hui
aucune retenue, s'il n'en a été expressément convenu. Il est vrai que l'art. 101 de la loi du 3 fri-
maire an VII, sur l'impôt foncier portait que la
retenue avait lieu, s'il n'y avait clause contraire,
mais, comme nous l'avons dit, cette loi appartient
à une époque, où la nature foncière de la rente
n'est pas encore nettement établie, c'est une époque de transition. Sous le Code Napoléon le droit
du créancier n'a plus sa cause dans les revenus de
l'immeuble, qui lui resteraient en quelque sorte
délégués partiellement, mais bien dans une obligation personnelle de l'acquéreur ; le privilége
porte sur le fonds et non sur les fruits. Aucune
restriction à cet égard n'est désormais possible.

L'art. 530 du Code Napoléon permet au créancier de régler, par l'acte même de constitution,
ou postérieurement, les clauses et conditions du
rachat. Ainsi le créancier peut stipuler que le
capital du rachat excédera le produit de vingt fois
les arrérages, ou consentir qu'il y sera inférieur ;
le capital étant la représentation de la valeur de
la rente, il doit être loisible aux parties de fixer
le prix moyennant lequel le débiteur pourra en

être libéré. En outre, il est reconnu que les immeubles produisent moins, que les capitaux mobiliers, sans pour cela que leur valeur reste dans la limite des revenus multipliés par vingt : ainsi il arrivera souvent qu'un immeuble qui produit 3,000 francs par année se vendra 100,000 francs, ce qui s'explique par la sécurité même que donnent les capitaux immobiliers. Il n'est donc pas injuste que le créancier d'une rente de 3,000 francs par exemple stipule un prix de rachat supérieur à 60,000 francs.

De même on peut stipuler que le remboursement se fera en un seul ou en plusieurs paiements et que le débiteur devra prévenir le créancier tant de mois ou d'années à l'avance. Le débiteur peut aussi s'interdire le remboursement pendant un temps plus ou moins long, pourvu toutefois qu'il ne dépasse pas trente années. Si une durée plus longue a été stipulée, la clause est complétement nulle, et le rachat peut s'effectuer à tout moment.

Bien que la nullité, prononcée par l'art. 530 du Code Napoléon semble, par la place qu'elle y occupe, ne porter que sur la dernière disposition, elle peut cependant s'appliquer dans le cas, où les conditions du rachat auraient été réglées d'une manière trop onéreuse pour le débiteur, comme dans le cas où le capital du rachat aurait été fixé à une somme tellement élevée qu'il serait impossible de racheter.

Mais si la rente a été stipulée irrachetable pen-

dant trente ans, on peut encore à toute époque stipuler un nouveau délai de trente années, et le renouveler indéfiniment. En effet ce que veut la loi,
c'est que le débiteur ne se lie pas à toujours, ni
même pendant un temps qui peut modifier sa situation et sa fortune en dehors de toutes ses prévisions ; mais il est bien entendu que les années, qui
resteraient à courir du premier délai de trente ans,
se confondraient jusqu'à due concurrence avec le
nouveau délai, de sorte que le débiteur ne serait
jamais lié pour plus de trente ans dans l'avenir.

Du reste les clauses stipulées dans le contrat,
ayant, comme la rente elle-même, l'immeuble pour
garantie, obligent tout détenteur subséquent. Il
en serait autrement si la convention avait lieu postérieurement, elle ne lierait que le contractant, à
moins d'une stipulation expresse, et alors la sûreté
ne pourrait plus être le privilége du vendeur, mais
seulement une hypothèque conventionnelle.

Notons enfin que ces clauses ne s'appliquent
point aux rentes perpétuelles établies avant le
Code. Les débiteurs de ces rentes avaient acquis
par la loi de 1790 le droit de se libérer suivant le
mode, aux taux et conditions déterminés par cette
loi ; le Code n'aurait pu le leur enlever, sans donner à la loi un effet rétroactif, et partant sans vio-
ler les dispositions de l'art. 2 du Code Napoléon.

§ 2. — Des effets du contrat de rente foncière.

I. *Des obligations du vendeur à rente foncière.* — Le contrat de rente étant de la même nature que la vente, le cédant est tenu de toutes les obligations, dont est chargé le vendeur. Ainsi il est soumis à l'art. 1602 du Code Napoléon ; les règles relatives à la délivrance lui sont applicables (art. 1604 et suiv.); il est tenu à la garantie des évictions et à celle des charges réelles, non déclarées dans le contrat (art. 1626 à 1640). En cas d'éviction il ne peut être question, comme nous l'avons déjà fait remarquer, de la restitution du prix, puisque le véritable prix est le droit de rente, et que le débiteur ne s'en est pas libéré, tant qu'il n'a pas racheté la rente, ce que nous supposons. Quant aux arrérages, ils correspondent à la jouissance annuelle, et ils ne donnent lieu à restitution qu'autant que l'acquéreur à rente a été obligé de rendre au véritable propriétaire tout ou partie des fruits. En outre le vendeur est soumis au paiement des frais ainsi qu'à des dommages et intérêts (art. 160, 3° et 4°.)

L'action en rescision pour cause de lésion de plus des sept douzièmes est aussi ouverte au vendeur à rente (art. 1674 et suiv.). MM. Fœlix et Henrion prétendent que cette action ne doit pas lui être accordée, parce que le motif qui a fait admettre la rescision en matière de vente n'existe plus dans la rente : le législateur a craint, en effet, qu'un acquéreur avide n'abusât de la misère de

son vendeur. Ce motif ne saurait s'appliquer
qu'au cas d'une véritable vente, suivie du paiement du prix, tandis que celui qui cède un immeuble à charge de rente indique par là qu'il
n'est pas pressé par un besoin d'argent.

Il est vrai qu'en général il n'y aura pas à supposer dans la rente, comme dans la vente, la ra-
pacité de l'acquéreur ou la misère du vendeur.
Cependant il peut très-bien arriver qu'une personne obérée ne trouve pour vendre son immeuble qu'un acquéreur à rente. En effet, il se peut
qu'un débiteur, n'ayant à pourvoir d'urgence
qu'au paiement des intérêts de ses dettes, consente
à un arrentement qui lui assurera des arrérages
minimes, mais suffisants pour payer ces intérêts.
Enfin il est encore possible que le vendeur en ac-
ceptant une rente, dont le capital serait inférieur
aux sept douzièmes du prix légitime, se proposât
de l'aliéner immédiatement pour un capital en
argent. Il est donc manifeste qu'il a droit à la protection de la loi. D'ailleurs si l'on entrait dans ce
système de discuter si le vendeur est ou non pressé
par le besoin d'argent, il faudrait admettre qu'une
vente à long terme ne serait pas rescindable pour
lésion, distinction qui n'est pas soutenable.

Dans notre hypothèse, du reste, il n'y a aucune
difficulté pour établir le calcul de la lésion. En
effet dans le contrat de constitution de rente, ou
il y a eu un prix expressément stipulé, ou les parties ont fixé le capital du rachat qui forme le prix

de l'immeuble; à défaut de cette fixation, le denier vingt représente le prix.

Bien que le débiteur ait juste sujet de craindre d'être troublé par une action réelle, il n'en devra pas moins continuer le service de la rente, jusqu'à ce que l'action en revendication ait été intentée. Le droit accordé à l'acquéreur par l'art. 1653 de suspendre le paiement du prix, jusqu'à ce que le vendeur ait fait cesser le trouble, ne porte que sur le prix, et non sur les intérêts qui tiennent lieu des fruits perçus par cet acquéreur. Les arrérages ne sont, comme les intérêts, que l'équivalent des fruits et, comme tels, ne tombent pas sous l'application de l'art. 1653.

II. *Des droits et actions du créancier.* — Le contrat de rente foncière donne naissance en faveur du créancier à trois actions distinctes : 1° une action purement personnelle contre le débiteur ou ses héritiers; 2° une action réelle ou hypothécaire, résultant du privilége du créancier sur le bien aliéné; 3° une action en résolution d'une nature mixte. On peut encore ajouter une action spéciale, n'ayant pas trait au fond du droit, mais tendant seulement au renouvellement du titre. Nous allons reprendre séparément chacune de ces actions avec quelques développements. Seulement l'action résolutoire, ayant pour but l'extinction de la rente, ne sera étudiée que plus loin, lorsque nous nous occuperons des différents modes au moyen desquels la rente peut s'éteindre.

1° *Action personnelle*. La rente étant créée par un contrat, l'acquéreur est personnellement débiteur des arrérages ; pour l'accomplissement de cette obligation, tous ses biens sont soumis au droit du créancier (art. 2092), indépendamment du privilége dont nous verrons les conséquences.

En cas de décès du débiteur, ses héritiers sont tenus chacun pour sa part héréditaire ; il ne peut être question d'indivisibilité même *solutione tantum* à l'égard des arrérages, s'il n'est apporté la preuve d'une convention sur ce point, car la nature de la dette et le but qu'on s'est proposé dans le contrat ne s'opposent nullement à la divisibilité.

S'il y a plusieurs débiteurs originaires, ils ne peuvent également être poursuivis que pour leur part virile.

Mais il est possible qu'en l'absence d'indivisibilité il y ait eu solidarité stipulée, auquel cas chacun pourra être poursuivi pour le tout, sauf son recours contre les autres, avec la subrogation légale aux termes du droit commun (art. 1214 et 1251, 3°).

D'après les principes qui règlent les obligations personnelles, on est conduit à décider que cette action ne peut être exclusivement dirigée que contre le débiteur lui-même ou ses héritiers, comme nous l'avons dit plus haut. Cependant un auteur d'une grande autorité, Proudhon, soutient que l'action personnelle peut être intentée contre le légataire particulier de l'usufruit du fonds arrenté, car, dit-il, les fruits représentant les arrérages, celui qui profite des produits de l'immeuble doit être tenu des charges qui le grèvent. Cet auteur s'est attaché à la définition que Pothier donnait de la rente foncière, et il la considère comme encore due par le fonds, affaiblissant à cet égard les innovations introduites tant par la loi de brumaire an VII, que par le Code Napoléon, et sur lesquelles nous nous sommes suffisamment étendus.

Assurément le fonds arrenté est encore aujourd'hui affecté au service de la rente, mais c'est seulement par l'effet du privilége, et sous ce rapport, le tiers détenteur, usufruit ou plein propriétaire, est exposé à une action réelle à l'occasion de la rente; mais lorsqu'il aura payé, il aura de droit son recours contre le débiteur primitif, et c'est là ce qui nous sépare de Proudhon. Les termes de l'art. 611 sont précis à cet égard, et si, lors de la discussion, on a dit que l'usufruitier à titre particulier serait tenu du service de la rente, on ne peut expliquer cela que par une allusion au privilége du créancier.

L'argument, sur lequel insiste Proudhon, nous semble peu convaincant. En effet il prétend que le testateur ne peut pas avoir l'intention de léguer sans charge l'usufruit du fonds arrenté. Mais si l'on adoptait cette idée sans réserve, on arriverait à dire que le légataire d'un immeuble, dont le testateur devait encore le prix, est lui-même débiteur de ce prix, et que l'usufruitier d'un tel fonds devrait les intérêts. Ce serait refuse à un débiteur la faculté de disposer de ses biens à titre gratuit.

Nous déciderons autrement bien entendu pour le légataire universel ou à titre universel de l'usufruit ; car, bien qu'ils ne succèdent pas à la personne, ils recueillent cependant une quote-part du patrimoine, et par conséquent ils doivent être assujettis au paiement d'une portion correspondante de dette ; l'article 612 est formel à cet égard.

Cette action personnelle donne lieu à la question de savoir, si, en l'absence de paiement des arrérages, le créancier peut, indépendamment de la résolution dont il sera parlé plus loin, exiger le remboursement du capital non-seulement sur le bien soumis à son privilège (ce qui n'est pas douteux, comme nous le verrons sur l'action hypothécaire), mais encore sur les autres biens du débiteur, lesquels constitueraient pour lui un gage général, comme pour tous les créanciers.

En l'absence de texte contraire, la question nous semble pouvoir être résolue par l'affirmative, au moyen des principes généraux ; l'obligation véritable du débiteur ne consiste pas seulement dans la prestation annuelle, mais dans la charge perpétuelle qui constitue la rente proprement dite ; les arrérages ne sont que l'émolument de la rente, ils n'en sont pas la substance ; lors donc qu'ils ne sont pas payés, le mode normal de satisfaction est enlevé au débiteur, et le capital fixé d'avance pour le rachat, ou, à défaut de cette convention, le capital

obtenu par le calcul au taux légal devient exigible.
Il ne serait guère possible de soutenir que le créancier n'a que la résolution ou l'exercice de son privilége, car, s'il jouit du droit de prélever le capital de
la rente sur le fonds soumis à son privilége, cela,
loin d'exclure un pareil droit sur les autres biens,
l'implique essentiellement. En outre, l'immeuble
sujet au privilége ou à la résolution pouvant périr,
il serait injuste de priver le créancier de tout recours, surtout en, face des autres créanciers, qui
pourraient saisir et faire vendre l'ensemble du patrimoine.

Les arrérages, étant l'équivalent de la jouissance, sont dus à dater du jour du contrat, car,
dès cette époque l'acquéreur gagne les fruits. Les
parties ont cependant la faculté de fixer un autre
point de départ. Le débiteur de la rente doit aussi
les intérêts des sommes dues pour les arrérages
du jour de la demande ou de la convention. Quant
au lieu, où doit être fait le paiement, on suit les
règles du droit commun (art. 1247).

L'action personnelle est portée devant le tribunal du domicile du débiteur (art. 59, C. proc. civ.).

Une difficulté se présente sur le pouvoir des
tribunaux de juger en premier ou dernier ressort.
La loi du 11 avril 1838 (art. 1er) a déterminé le
chiffre de la compétence en dernier ressort tant
pour les actions mobilières que pour les actions
immobilières. Pour les premières, le tribunal juge
en dernier ressort jusqu'à concurrence de quinze

cents francs de principal; pour les autres, la valeur du litige s'estime par le revenu de l'immeuble,
et comme les immeubles rapportent rarement
cinq pour cent, la loi met sur la même ligne un
fonds dont le revenu est de soixante francs, et un
capital mobilier produisant soixante-quinze francs
de revenu. Mais elle est restée complétement muette
sur les demandes d'intérêts ou d'arrérages. On
pourrait dans une première opinion décider sans
distinction que toute demande de soixante-quinze
francs d'intérêts ou d'arrérages de rente constituée
à prix d'argent, ou de soixante francs d'arrérages
de rente foncière, représentant chacune un capital de quinze cents francs, serait jugée en dernier
ressort, mais, qu'en cas d'excédant, l'appel serait
toujours recevable. Cette solution nous paraît cependant trop absolue, et elle ne doit être admise
que dans le cas où la prestation périodique est contestée, et où par conséquent la dette du capital est
aussi contestée. Dans le cas contraire, le tribunal
connaîtrait en dernier ressort jusqu'à concurrence
de quinze cents francs d'intérêts ou d'arrérages
accumulés.

L'action personnelle est prescriptible comme
toute autre, ce qui implique que la rente elle-
même tombe sous l'application de la prescription.
On peut s'en étonner au premier aspect, puisque
la rente n'est pas exigible par le créancier. Mais la
prescription se fonde sur une présomption de
remboursement volontaire par le débiteur, ou de

remise de la dette par le créancier. La rente se prescrit par trente ans (art. 2262), à partir de la date du titre, s'il n'y a pas eu paiement d'arrérages, car c'est à dater de cette époque que l'obligation a commencé d'exister ; dans le cas contraire, c'est à partir du dernier paiement, lequel contient reconnaissance de la rente.

2° *Action hypothécaire*. — Le privilége du vendeur à rente n'est soumis quant à son existence à aucune formalité et prend naissance au moment même du contrat ; il n'est pas nécessaire de le réserver expressément, car ce privilége est accordé par la loi, et même il est plus facilement retenu que celui du vendeur ; ce dernier, en effet, n'a de privilége qu'autant que l'acte de vente porte que le prix est encore dû, tandis que l'aliénation à charge de rente implique nécessairement une dette continue d'arrérages, c'est-à-dire un prix qui est toujours dû. Mais si le privilége prend naissance en même temps que le contrat à rente même, il faut, pour être opposable soit aux tiers détenteurs, soit aux autres créanciers du débiteur, qu'il soit rendu public, comme le privilége du vendeur.

Cette publicité peut résulter soit de la transcription du titre constitutif de la rente, suivie d'une inscription d'office par le conservateur, soit de l'inscription directe du privilége. La transcription est ordinairement faite par l'acquéreur, car il y a un grand intérêt, puisqu'aux termes de la loi du 23 mars 1855 ce n'est qu'au moyen de cette for-

malité que l'acquéreur d'un immeuble en devient
à l'égard des tiers véritable propriétaire. Jusqu'à
cette époque le vendeur peut valablement concéder sur le fonds aliéné de nouveaux droits réels
opposables à l'acheteur. La transcription du titre
constitutif de la rente, révélant la créance du vendeur, lui tient lieu d'inscription, et si le conservateur doit prendre une inscription d'office, c'est
afin de relever, en les abrégeant, les dispositions
principales du titre sur lesquelles se fonde le privilége du vendeur, et d'en rendre l'appréciation
plus facile aux tiers.

La publicité ayant une telle importance en
matière de privilége, il est nécessaire de rechercher dans quel délai et dans quelles formes doit
être prise l'inscription.

Quant au délai, il varie suivant que l'immeuble
est encore entre les mains de l'acquéreur, ou
qu'il en est sorti.

Supposons d'abord que le fonds n'est pas sorti
du patrimoine de l'acquéreur, et que la transcription n'a pas eu lieu. D'après le principe établi par
l'art. 6, 1er alin., le vendeur sera toujours à temps
de faire inscrire son privilége ; les tiers, à qui l'acquéreur aurait consenti des droits sur l'immeuble,
ne peuvent pas se plaindre, car, à leurs yeux, la
propriété repose toujours sur la tête du vendeur.

Cette solution doit-elle être étendue au cas où
le débiteur est tombé en faillite (art. 2146, C. N.
et 448 C. Com.), et au cas où sa succession a été

acceptée sous bénéfice d'inventaire (art. 2146) ?
La jurisprudence et certains auteurs, sans se
laisser arrêter par la considération que depuis la
loi de 1855 (art. 7) l'action résolutoire s'éteint
avec le privilége, décident que le vendeur, qui
veut faire inscrire son privilége, doit prendre
ce soin avant l'expiration des délais fixés par
l'art. 2146 du C. Nap. et 448 du Code de Com.

Cette opinion ne nous paraît pas cependant devoir être adoptée, car, outre les injustices qui en
découlent, et auxquelles on ne peut aujourd'hui
porter remède au moyen de l'action en résolution,
elle nous semble ne pas être très-conforme aux
principes. En effet la transmission de la propriété
ne s'opérant *à l'égard des tiers* que par la transcription, jusqu'à cette époque la propriété réside
pour les tiers sur la tête du vendeur, malgré la
perfection de la vente entre les parties. Jusqu'à
cette époque donc le vendeur n'a pas besoin du
privilége, puisqu'il n'a pas cessé d'être propriétaire. Cela est si vrai qu'il peut valablement soit
aliéner de nouveau, soit hypothéquer l'immeuble
vendu, et que la nouvelle aliénation ou l'hypothèque aura tout son effet, si celui à qui ont été
concédés ces droits a pris soin de les conserver
par la transcription ou par l'inscription. L'état de
faillite de l'acquéreur, ou l'acceptation bénéficiaire
de la succession de ce dernier ne peut évidemment changer en rien la situation juridique du
vendeur qui, vis-à-vis des créanciers du failli ou

des héritiers bénéficiaires, est toujours propriétaire de l'immeuble aliéné.

D'ailleurs les termes de l'art. 448 du Cod. de
Com. ne s'opposent pas à cette interprétation. Il
porte que les droits de privilége et d'hypothèque
valablement acquis pourront être inscrits jusqu'au
jour du jugement déclaratif de la faillite. Si, en
principe général, et d'après les termes de l'art. 2106,
les priviléges entre créanciers ne produisent d'effet
qu'autant qu'ils sont rendus publics par *l'inscription* sur le registre du conservateur des hypothèques, l'art. 2108 y fait une exception à l'égard
du privilége du vendeur. Cet article indique
comme mode principal de publicité du privilége
la transcription, et si le législateur parle de l'in-
cription, il n'entend pas par là indiquer une nouvelle manière de conserver le privilége, puisque
les droits du créancier sont sauvegardés par la transcription ; l'inscription d'office a un objet tout spécial, celui de faciliter l'appréciation de la créance
privilégiée du vendeur; elle n'est point un élé-
ment de sa conservation ; lors donc que la loi prononce la déchéance du droit de prendre inscription,
elle ne peut faire allusion à l'inscription d'office, et
d'un autre côté, ses termes répugnent à toute
application à la transcription.

Il ne faut donc tenir aucun compte de la faillite
du débiteur, ni de l'acceptation bénéficiaire de sa
succession. L'art. 6, 2ᵐᵉ alin., n'est d'aucune application dans le cas où l'immeuble n'est pas sorti

des mains de l'acquéreur ; le créancier peut faire
faire la transcription, ou prendre inscription,
même postérieurement aux deux événements, dont
il vient d'être parlé ; il ne sera déchu que par
l'expiration des délais fixés pour la production des
titres, car c'est à partir de cette époque que les
droits sont irrévocablement liquidés.

Supposons maintenant que l'immeuble a été
aliéné par l'acquéreur. Le délai accordé au vendeur pour faire inscrire son privilége a changé plusieurs fois. La loi de brumaire an VII permettait
l'inscription jusqu'à la transcription de la seconde
vente. Sous l'empire du Code Napoléon, plus d'inscription possible après la vente. Les art. 834 et
835 du Code de Procédure sont venus modifier
cette rigueur, et ont accordé au vendeur quinze
jours à partir de la transcription.

Tel était l'état de la législation à l'époque où
parut la loi du 23 mars 1855. Cette loi, partant de
l'idée que la translation de la propriété ne s'opère
à l'égard des tiers que par la transcription, a prévu
le danger que pourrait courir un vendeur, si un
acheteur de mauvaise foi aliénait immédiatement
l'immeuble, sans avoir fait transcrire le contrat,
et si cette seconde vente était suivie d'une transcription. Aussi y a-t-elle porté remède, en accor-
dant au vendeur, nonobstant toute revente et toute
transcription faite par le sous-acquéreur, le droit
de prendre utilement, dans les quarante-cinq jours
de la date du premier acte de vente, une inscrip-

tion qui primera tous les droits réels consentis sur l'immeuble pendant ces quarante-cinq jours. C'est donc au cas seul de revente que l'art. 6 2ᵐᵉ alin, de la loi de 1855 peut recevoir son application. C'est en effet dans cette hypothèse que se sont toujours placés les rédacteurs lors de la discussion de la loi. Le délai de quarante-cinq jours est fatal et absolu. Passé ce temps, le privilége non inscrit est irrévocablement perdu. Ici, de même que dans le cas où l'immeuble n'a pas été aliéné par l'acquéreur, la faillite du débiteur, ou l'acceptation bénéficiaire de sa succession ne peut modifier en rien le délai édicté par l'art. 6 de la loi de 1855.

La transcription, l'inscription d'office, et l'inscription, à laquelle le créancier doit avoir recours pour conserver son droit à défaut de transcription, se font au bureau des hypothèques de l'arrondissement dans lequel est situé l'immeuble arrenté. La transcription et l'inscription ont pour but d'assurer la publicité des charges qui pèsent sur le fonds, afin de fournir aux tiers qui veulent contracter avec un individu, le moyen de s'assurer de la solvabilité de ce dernier.

La loi détermine dans l'art. 2148 le mode requis pour qu'une inscription soit valable. Le créancier présente au conservateur des hypothèques le titre qui donne naissance au privilége, et il y joint deux bordereaux, dont les mentions sont énumérées avec détail dans l'art. 2148. Nous n'avons à relever spécialement que celle contenue au 4°.

L'énonciation du capital est une formalité essentielle. Si le capital de la rente est exprimé dans l'acte en vue du rachat, il doit être indiqué dans l'inscription ; mais s'il n'y est pas exprimé, il faudra, conformément aux dispositions de l'art. 2132 que le créancier ait soin de l'évaluer dans le bordereau, sauf le droit du débiteur de faire réduire, si l'évaluation est trop élevée (art. 2163). Si la rente est due en denrées, l'inscrivant devra d'abord faire en argent une évaluation des arrérages, sauf réduction en cas d'une évaluation excessive. Dans ce cas l'excès sera arbitré par le juge d'après les circonstances (art. 2164), et sans qu'il soit astreint à suivre la base des mercuriales. En outre le capital sera estimé en argent d'après les règles du taux légal.

Quant à la mention de l'exigibilité, elle ne peut être appliquée qu'aux arrérages, puisque le capital n'est exigible qu'exceptionnellement, et au cas d'inexécution des obligations du débiteur.

Les accessoires comprennent les arrérages de la rente et les frais. Les frais dont veut parler l'article ne sont certainement pas ceux de justice, qui sont garantis par le privilége de l'art. 2101 dispensé de toute inscription ; ce sont, par exemple, les frais d'inscription et d'enregistrement, qui ont été avancés par le créancier. L'omission de ces indications n'entraîne pas la nullité de l'inscription, seulement ces accessoires ne sont pas garantis.

A l'égard des arrérages conservés par l'inscription, il faut compléter l'art. 2148 par l'art. 2151. Le créancier doit s'inscrire d'abord pour tous les arrérages déjà échus, sans autre limite que la prescription de cinq ans; et au cas où il aurait le droit d'exiger le capital, il serait colloqué au même rang pour les arrérages ainsi conservés; en outre la mention des arrérages annuels lui assure son privilège pour chaque prestation, s'il a soin de la requérir, et dans tous les cas, lors de la distribution des deniers, il a droit d'être colloqué, pour deux années d'arrérages et pour l'année courante, au même rang que pour le capital et les arrérages déjà mentionnés.

Mais il s'est écoulé quatre années entières depuis l'inscription, et si le débiteur n'est devenu insolvable que dans le courant de la cinquième année, seront-ce les deux premières ou les deux dernières années qui seront garanties par l'inscription ? Le législateur ne s'étant pas expliqué sur ce point, peu importe quelles sont les deux années pendant lesquelles les arrérages n'ont pas été payés; tant que le débiteur ne sera pas en retard de plus de trois ans, le créancier sera colloqué pour le paiement des arrérages de ces trois années au même rang que pour le capital. Nous ne saurions mieux faire pour appuyer notre opinion que de rapporter quelques passages du ré-

quisitoire prononcé par M. le procureur général
de la Cour de cassation (27 mai 1816, Sirey 1816,
1. 250.) « L'intention de la loi, a dit M. le procureur général, a été de fixer autant que possible
le montant de la dette à l'égard des tiers, de faciliter les emprunts, d'éviter cette accumulation
d'arrérages qui peut doubler le capital, et qui se
concilie difficilement avec la publicité des hypothèques... Le législateur n'a pas limité, n'a pas spé-
cialisé. Il a fixé le nombre des années, mais il n'a
pas dit quelles années. Sous l'empire de l'Édit de
1771, l'inscription valait pour tous les intérêts,
elle ne vaut aujourd'hui que pour trois années ;
voilà toute la différence... Le législateur n'a voulu
qu'une chose, c'est de restreindre l'ancienne faveur accordée aux arrérages. Mais peu lui importait de désigner ces années, cela n'importait pas
davantage aux créanciers sous le rapport hypothécaire... Mais décider que ces deux années sont
invariablement les premières, c'est faire une nouvelle loi. » Ainsi vouloir limiter le privilége du vendeur soit aux deux premières années, soit aux deux
dernières, c'est, comme le dit en terminant M. le
procureur général : « donner un sens étroit à
une disposition indéfinie. »

Que faut-il entendre par année courante? Quand
commence-t-elle, quand finit-elle ? L'année courante est celle dans laquelle on se trouve au moment de la faillite, ou du décès du débiteur. Elle
commence à partir du jour anniversaire de la

prise de l'inscription. Mais quand finit-elle? Supposons pour plus de simplicité une vente forcée, ou
une vente volontaire, à la suite de laquelle un
ordre est ouvert. Les auteurs ne sont pas d'accord.
Les uns prétendent qu'elle finit au jour de la
transcription de la saisie (art. 682, C. Proc. civ.).
Les autres la font cesser seulement à la clôture de
l'ordre. Selon nous, l'année courante finit à l'expiration des quarante jours, qui partent de la sommation faite au créancier de produire ses titres, et
de former sa demande en collocation (art. 753,
754 l. du 21 mai 1858.) C'est en effet par la demande en collocation que le créancier met en
exercice son droit privilégié. Aussi, si le créancier
a négligé de former cette demande dans les délais
impartis par la loi, il est forclos (art. 756 l. du 21
mai 1858). Il est donc inexact de dire que l'année
courante finit à la transcription de la saisie. D'ailleurs à cette époque les droits des créanciers ne
sont pas fixés, puisque le saisi, s'il ne peut aliéner,
peut très-valablement hypothéquer l'immeuble mis
aux mains de la justice. Cette faculté ressort clai-
rement des discussions qui ont eu lieu au sujet de
la loi du 2 juin 1841, et desquelles il résulte que
la prohibition portée par l'art. 686 du Code de
Proc. n'atteint en aucune façon le droit du débiteur de consentir des hypothèques sur l'immeuble saisi. Il est encore plus inexact de prétendre
que c'est à la clôture de l'ordre que cessera l'année
courante, car les arrérages d'une plus ou moins

grande partie de l'année seraient colloqués au même rang que le capital, suivant que le juge commissaire mettrait plus ou moins de temps à procéder à la clôture de l'ordre.

Il peut arriver qu'entre le jour, où le créancier produit à l'ordre et celui où il obtient sa collocation définitive, il se soit écoulé un espace de temps assez considérable, et qui peut se prolonger beaucoup, s'il s'élève des contestations à propos des collocations ; il serait injuste que le créancier perdît les arrérages qui ont couru pendant cet intervalle ; aussi ils doivent être alloués au même rang d'hypothèque que le capital, non plus en vertu de l'art. 2151, mais par application des principes généraux qui font des intérêts l'accessoire du capital.

Suivant certains auteurs, l'art. 2151 n'est pas applicable au privilége, et doit être restreint à l'hypothèque. Cette opinion ne nous paraît pas devoir être adoptée. L'expression *arrérages* est générale, elle comprend tout aussi bien les produits périodiques d'une rente foncière que ceux d'une rente constituée. Bien que le mot privilége ne soit pas écrit dans l'article, ce n'est pas une raison pour en conclure qu'il ne doit pas y être compris ; le privilége en effet n'est autre chose qu'une hypothèque privilégiée. Si les rédacteurs n'ont pas inséré dans l'article l'expression *privilége*, c'est que le mot hypothèque comprend le privilége, l'hypothèque est le genre, et le privilége est l'espèce.

Tout ce que veut dire l'article par ces expressions *au même rang d'hypothèque*, c'est que le créancier ne pourra être colloqué dans l'ordre qu'à son rang pour le capital et pour les arrérages. D'ailleurs l'art. 2151 est placé dans un titre qui a pour rubrique : *Des priviléges et des hypothèques*. Enfin les mêmes raisons qui ont fait limiter à deux ans la garantie du paiement des arrérages au même rang que celui du capital en matière d'hypothèque existent aussi en matière de privilége. Les tiers, qui savent qu'habituellement un créancier ne laisse pas accumuler les arrérages, seraient trompés, si plus tard ils se voyaient primés par un capital grossi par dix, quinze, vingt années d'arrérages, à l'égard desquels la prescription aurait été interrompue. Les priviléges offrent sur ce point autant de danger que les hypothèques.

Avant 1855, la jurisprudence de la Cour de Cassation décidait que le vendeur devait être colloqué pour tous les arrérages à échoir au même rang que pour le capital ; elle se fondait sur ce que le vendeur demanderait la résolution de la vente pour défaut de paiement des arrérages, et ainsi ferait sortir du patrimoine de son débiteur un immeuble sur lequel les créanciers de ce dernier pouvaient fonder quelques espérances. Aujourd'hui que, aux termes de l'article 7 de la loi du 23 mars 1855, l'action en résolution s'éteint avec le privilége, il n'y a plus la même raison de faire, en faveur du vendeur, une exception à l'article 2151 ; une fois le privilége éteint par le laps de trois ans, les autres créanciers n'auront plus à redouter l'action en résolution.

Pour épargner au Conservateur des difficultés excessives dans les recherches par suite de l'accumulation des inscriptions, la loi a voulu que le créancier ayant privilége ou hypothèque fît renouveler son inscription dans les dix ans, à peine de perdre, non pas son droit lui-même, mais seulement le rang de sa créance (art. 2154). Cette règle s'applique au vendeur, comme aux autres créanciers privilégiés, et par conséquent au vendeur à rente. Si l'inscription est renouvelée en temps utile, le vendeur conserve son privilége au rang qui lui appartient. Si au contraire il a négligé le renouvellement avant l'expiration des dix ans, il se trouve dans la condition qu'il aurait, s'il avait négligé la première inscription, à défaut de transcription. S'il est survenu dans l'intervalle une seconde aliénation du bien vendu, le créancier est déchu de la faculté de renouveler son inscription, en vertu de l'article 6 de la loi de 1855; à l'égard de la faillite ou du décès, on se retrouve en présence de la difficulté que nous avons examinée précédemment à l'égard de la première inscription.

Ajoutons que le conservateur n'est pas tenu de renouveler l'inscription qu'il a dû prendre d'office, aux termes de l'article 2108; un avis du conseil d'État du 22 janvier 1808 a décidé en ce sens.

Le rang du privilége du vendeur à rente est facile

à déterminer : en effet, si déjà le bien aliéné était grevé de droits de préférence dans les mains du vendeur, ces droits priment le privilége, puisque le vendeur doit les garantir ; à l'égard de ceux qui seraient créés depuis que l'immeuble est passé dans les mains du débiteur, ils seront en principe primés par celui du vendeur ; mais s'il s'agit du privilége des architectes qui ont amélioré la chose, et qu'ils se soient conformés aux règles tracées par la loi pour la conservation de leur privilége, ils primeront le vendeur sur la plus-value donnée par eux au fonds.

Le privilége, étant attaché à l'immeuble qu'il grève, donne au créancier le droit de suivre l'héritage en quelques mains qu'il passe, c'est-à-dire, de le faire saisir et vendre, et de se faire payer avec les deniers provenant de cette vente. Un tel droit toutefois ne peut s'exercer que dans l'hypothèse d'une vente volontaire, car dans une vente forcée, les enchères ayant dû faire monter l'immeuble à sa plus haute valeur, le droit de suite est éteint par la transcription du jugement d'adjudication.

En face du droit de suite du vendeur, le tiers détenteur peut, comme en face de toute action hypothécaire, ou délaisser, ou payer la dette, ou purger, ou se laisser exproprier. Il ne jouit pas du bénéfice de discussion, à cause de la nature spéciale du privilége du vendeur. Du reste, il ne rentre pas dans notre travail d'examiner chacun de ces quatre partis, qui ne présentent rien de spécial à l'égard du vendeur à rente.

Notons seulement que si le détenteur veut purger, et que la surenchère n'ait pas eu lieu, ou s'il y a eu adjudication sur surenchère, et que l'acquéreur veuille rembourser le capital de la rente, comme il en a le droit, le créancier ne sera pas tenu de subir un rachat, qui aurait été exclu par convention pour un temps qui ne serait pas encore échu ; il y aura donc lieu à consignation. Les deniers seront versés au nom du créancier, mais le débiteur devra, s'il y a lieu, parfaire les arrérages. La rente du reste ne deviendra pas une rente constituée, parce que l'extinction du privilége ne peut en changer la nature.

Enfin, en ce qui concerne l'extinction du privilége, le droit commun reçoit son application.

L'action fondée sur le privilége se prescrit conformément à l'article 2180 du Code Napoléon. Une distinction capitale est à faire, suivant que l'immeuble est resté dans les mains du débiteur, ou est passé dans les mains d'un tiers.

Dans le premier cas, la prescription du privilége se confond avec la prescription du droit lui-même, et dure trente ans, conformément à ce que nous avons dit sur la prescription de l'action personnelle.

Dans le second cas, le tiers s'affranchira du privilége par le laps de temps nécessaire pour acquérir la propriété, ce qui, avec les distinctions de juste titre ou d'usurpation, de bonne ou de mauvaise foi, d'absence ou de présence du créancier, donnera lieu à la prescription de dix, vingt ou trente ans, sans préjudice des suspensions et interruptions, telles que de droit.

Quant au tribunal compétent en matière d'action hypothécaire, c'est, aux termes de l'article 59 du Code de procédure, celui de la situation de l'immeuble.

3° *Action en renouvellement du titre ou en reconnaissance de la rente.* — Autrefois le créancier à rente avait une action pour contraindre le possesseur d'un héritage arrenté à passer titre nouvel. Cette action portait le nom d'action mixte, parce qu'elle était dirigée tant contre la personne que contre la chose.

La dénomination d'action mixte ne peut plus être conservée aujourd'hui, elle est inexacte. L'action accordée au créancier par l'article 2263 doit être désignée par le nom d'action en renouvellement du titre, ou en reconnaissance de la rente; c'est, sous le Code Napoléon, une action personnelle, car, dans le droit actuel, les rapports principaux engendrés par le droit de rente sont purement personnels, c'est-à-dire limités au créancier et au débiteur; le titre nouvel ne peut donc avoir pour résultat que de conserver le droit primordial ; la conséquence en est que l'action en reconnaissance de la rente ne peut aujourd'hui être intentée que contre le débiteur primitif. Le mot *débiteur* employé par l'article 2263 ne désigne en général qu'un individu engagé personnellement; quand la loi entend parler d'une personne qui est engagée hypothécairement, elle prend soin de l'indiquer. Or ici rien de semblable; l'article 2263 porte purement et simplement *débiteur*. Le simple détenteur, dit M. Troplong, n'est pas débiteur; poursuivi par l'action hypothécaire, il n'est tenu que de délaisser. D'ailleurs, le droit accordé au créancier de contraindre le débiteur à lui fournir à ses frais un titre nouvel est une faveur accordée par la loi, une charge exceptionnelle imposée au débiteur, et on ne peut dès lors lui donner aucune extension. Le créancier pourrait très-bien, à l'aide des modes ordinaires d'interruption de la prescription, empêcher le débiteur de prescrire le droit de rente. C'est donc contre ce débiteur personnel seul que le crédit rentier peut user de la faveur accordée par l'article 2263.

Comme le tiers détenteur de l'immeuble grevé pourrait, aux termes de l'article 2180, prescrire la libération de l'immeuble, tout ce que le créancier peut faire pour sauvegarder ses droits, c'est d'intenter une action pour le forcer à reconnaître l'existence du privilége, conformément aux dispositions de l'article 2173. Cette action, au surplus, diffère de celle qui nous occupe, en ce qu'elle doit être exercée dans un délai en général plus court, celui de la prescription acquisitive de dix ou vingt ans, aux termes de l'article 2180. Les frais seront supportés par le créancier, parce que le tiers détenteur ne s'est pas, comme le débiteur principal, obligé à faire jouir de la rente le crédit rentier.

Enfin, pour le tiers détenteur d'un immeuble affecté au service d'une rente, comment parler de titre nouvel. Ce ne serait plus simplement, comme le dit M. Troplong, un calque du titre originaire, un fac-simile de ce qui a existé jadis, ce serait un second titre primordial différent du premier, et auquel le tiers détenteur ne saurait être soumis, puisqu'il n'est pas personnellement tenu des obligations contenues dans le titre originaire, et que pour lui ce titre est *res inter alios acta*.

Il ne peut pas non plus être question de titre nouvel à l'égard de l'usufruitier à titre particulier. Pas plus que le tiers détenteur, il n'est obligé personnellement envers le créancier. D'ailleurs, les raisons que nous avons données pour refuser au créancier le droit de demander à l'usufruitier à titre particulier le payement des arrérages suffisent ici pour lui dénier le droit de contraindre l'usufruitier à fournir un titre nouvel. Mais l'usufruitier universel et à titre universel seront soumis à l'action en reconnaissance comme aux autres actions personnelles.

Il est inutile d'ajouter que les héritiers du débiteur personnel de la rente sont, comme le débiteur lui-même, tenus de passer titre nouvel, mais seulement pour une portion de la rente correspondant à la part que chacun prend dans le patrimoine du défunt (art. 1220).

Si plusieurs personnes ont acquis conjointement un fonds à charge de rente, le créancier ne peut agir contre chacune d'elles que pour sa part virile.

En cas de solidarité stipulée, chacun des coacquéreurs peut être contraint de passer titre nouvel pour toute la rente, et, si le créancier a renoncé à la solidarité, aux termes des articles 1210, 1211, 1212, il ne peut plus demander à chacun la reconnaissance de la dette que pour la part dont il est tenu.

Comme toute action personnelle, l'action en reconnaissance doit être portée, aux termes de l'article 59 du Code de procédure, devant le tribunal du domicile du défendeur.

Sous le Code, l'action en renouvellement du titre offre au créancier un moyen d'empêcher le débiteur de se libérer du droit de rente par la prescription. Le législateur, dans l'article 2263, a permis au créancier d'exiger du débiteur un titre nouvel après vingt-huit ans de la date du dernier titre de la rente, c'est-à-dire, quand le temps de la prescription est prêt à s'accomplir. Il était à craindre, en effet, qu'un débiteur de mauvaise foi ne soutînt qu'il n'avait pas payé d'arrérages depuis trente ans, et que par conséquent la rente était présumée remboursée par lui ou remise par le créancier. Dans ce cas, ce dernier ne pourrait prouver le contraire, puisque les quittances d'arrérages qui établissent l'existence de la rente, et dont chacune constitue d'ailleurs une reconnaissance du droit, ne sont pas entre ses mains, mais en celles du débiteur.

Le créancier, qui a négligé de demander le titre nouvel dans les deux dernières années de la période trentenaire dont parle l'article 2263, n'est pas pour cela frappé d'une déchéance absolue; la rente ne sera pas prescrite, s'il peut établir les payements d'arrérages par les moyens légaux, par des contre-quittances, par des lettres missives, par témoins, si le capital de la rente n'excède pas cent cinquante francs, par l'aveu que ferait le débiteur, ou le serment qui lui serait déféré.

On n'est pas d'accord sur le point de savoir si les trente ans qui peuvent entraîner la prescription de la rente, doivent être comptés à partir de la date du titre constitutif de la rente, ou seulement à partir de l'exigibilité du premier terme d'arrérages. A ne consulter que le texte de l'article 2263, le doute ne serait guère possible. Il porte que le titre nouvel pourra être demandé après vingt-huit années de la date du dernier titre; il est donc naturel de croire que la prescription a le même point de départ que le droit du créancier qui veut la prévenir. Mais le doute commence, quand on considère que l'article 2257 ne fait courir la prescription d'une créance à jour fixe qu'à partir de l'échéance; or, comme les arrérages ont un terme fixé par la convention ou l'usage, et que le créancier n'a pu agir auparavant, la prescription du droit de rente ne devrait courir qu'à partir du moment où il a pu agir en payement du premier terme ; mais la nature même de la rente s'oppose à ce que l'on prenne cette base. L'inexigibilité du capital est de l'essence de la rente ; tant que les arrérages sont payés, le capital ne peut pas être demandé ; ce qui est exigible à chaque terme, ce sont les arrérages auxquels il faut appliquer l'article 2257. Si l'on voulait soumettre le droit de rente lui-même à l'application de cet article, il faudrait soutenir que la rente est absolument imprescriptible, et ce serait supprimer l'article 2263.

Les travaux préparatoires du Code viennent pleinement confirmer cette solution.

« M. Berlier dit que la loi ne doit accorder à cet égard que ce qui est strictement nécessaire ; or, puisque la prescription ne s'acquiert relativement aux rentes que par trente ans, pourquoi l'action en renouvellement du titre serait-elle accordée avant l'expiration de la vingt-neuvième année ? Une année est bien suffisante pour poursuivre le titre nouvel, ou du moins pour en former la demande, qui seule est interruptive de la prescription. Il faut donc s'arrêter là... » (Locré, t. XVI, p. 541, n° 15.) M. Treilhard ajouta cette observation : « Il suffit d'une année pour que le créancier ne soit pas surpris par l'accomplissement de la prescription ; ainsi le délai pour exiger le titre nouvel paraît devoir être fixé à vingt-neuf ans. » (Locré, *loc. cit.*)

Le Conseil adopta cette opinion, mais le Tribu-

nat pensa « qu'il était juste et utile d'accorder
deux ans au lieu d'un au créancier de la rente. »
(Locré, t. XVI, p. 549, n° 7.)

Ces observations amenèrent la rédaction de l'article tel qu'il est aujourd'hui.

Comme on le voit, le point de départ de la prescription du capital de la rente est la date du titre
qui la constitue, et non pas l'échéance de la première prestation, et le délai après lequel le renouvellement du titre peut être exigé doit se
mesurer sur le temps de la prescription. Aussi
M. Tronchet disait-il : « Abréger le délai, après lequel le titre nouvel peut être exigé, c'est abréger
la prescription elle-même. » (Locré, t. XVI, p. 541,
n° 15.) La trentième année est donc le terme fatal
de la prescription calculée à partir de la date du
titre. L'idée de M. Berlier : « qu'une année était
bien suffisante pour poursuivre le titre nouvel, »
prouve qu'il suffit de retrancher des trente années
de la prescription ainsi mesurée une seule année
pour donner le temps de l'interrompre, en un
mot, que les vingt-neuf ans ont le même point de
départ que les trente. Et quand le Tribunat a demandé que le délai d'un an fût porté à deux années, il entendait sans aucun doute que ces deux
années achevaient le temps de la prescription et
complétaient les trente ans nécessaires pour éteindre le titre.

§ 3. — Des modes d'extinction de la rente foncière.

Les modes d'extinction de la rente foncière, en ce qui concerne les seuls rapports du créancier et du débiteur, sont de trois sortes : 1° ceux qui lui sont exclusivement propres ; 2° ceux qui sont empruntés à la vente dont le contrat de rente est une application ; 3° ceux qui appartiennent au droit commun.

L'ancien droit admettait deux causes d'extinction propres à la rente : le déguerpissement et le rachat. Le premier était la règle, l'autre l'exception. Aujourd'hui il n'en est plus de même : la rente a changé de nature et constitue seulement un droit personnel, au lieu d'être un démembrement de l'immeuble arrenté ; le déguerpissement de la part du débiteur n'a donc plus lieu, et le rachat, au contraire, est devenu la règle. Le seul mode d'extinction qui soit aujourd'hui propre à la rente est donc le rachat, sur lequel nous donnerons quelques détails.

Parmi les modes d'extinction que la rente emprunte à la vente, nous n'avons à remarquer que la rescision pour lésion ou utilité du prix, car la résiliation pour défaut de contenance, l'exercice du réméré et la rescision pour les incapacités spéciales et relatives de vendre ou d'acheter ne présentent, en cas de rente, aucune difficulté particulière.

Enfin, parmi les modes de droit commun, nous

n'avons rien à dire du payement, qui, appliqué aux arrérages, n'éteint pas la rente et constitue le rachat s'il est appliqué au capital.

Nous négligerons également, comme sans difficulté spéciale pour notre matière, la novation, la remise de la dette, la confusion et l'action en rescision pour l'incapacité ou vice de consentement ; mais nous développons la résolution pour inexécution des conditions, et nous ferons quelques remarques sur la compensation, la perte de la chose et la prescription.

I. *Rachat.* — Aux termes de l'article 530 du Code Napoléon, le rachat est de l'essence du contrat à rente; il peut être effectué à toute époque (à moins de convention contraire, comme on l'a vu), par tous ceux qui y ont intérêt, le débiteur, ses héritiers, les cautions, les tiers détenteurs de l'immeuble grevé du privilège, les créanciers hypothécaires du débiteur qui n'ont rang qu'après le vendeur. Un tiers non intéressé peut même racheter la rente, mais pour cela il faut ou qu'il agisse au nom et en l'acquit du débiteur, ou s'il agit en son nom propre, qu'il ne se fasse pas subroger aux droits du créancier (art. 1236).

Le remboursement se fait au créancier lui-même ou à son mandataire. Si la propriété de la rente appartient à une personne et l'usufruit à une autre qui a fait connaître son droit au débiteur, celui-ci doit appeler l'usufruitier au rachat; de même si une saisie-arrêt a été pratiquée sur la rente du

10

chef du créancier, le débiteur ne peut verser les deniers qu'en appelant le créancier saisissant.

Quant à la capacité requise pour faire le rachat, elle doit être déterminée d'après les principes généraux à défaut de texte. Il ne saurait y avoir de doute pour le tuteur du mineur ou de l'interdit; il peut, sans l'autorisation du conseil de famille, faire des capitaux du pupille tel emploi qu'il jugera convenable. La question revient donc à ceci : le rachat est-il un acte de pure administration? En cas d'affirmative, on dira que le rachat est permis au mineur émancipé sans l'assistance de son curateur, au prodigue sans son conseil judiciaire, et à la femme séparée de biens sans l'autorisation de son mari ou de justice. Dans l'opinion contraire, on exige les garanties qu'on déclare inutiles dans la précédente solution. C'est ce dernier avis qui nous paraît préférable. En effet, il est possible que le rachat soit fait en temps inopportun et à des conditions onéreuses dont l'application ne peut être laissée aux incapables. La loi fournit un argument en ce sens au cas particulier du mineur émancipé qui ne peut faire emploi d'un capital reçu sans la surveillance de son curateur (art. 482). N'en faut-il pas conclure, tant pour le mineur que pour les autres incapables, qu'aux yeux de la loi la disposition des capitaux mobiliers n'est pas un acte de pure administration. Remarquons d'ailleurs qu'ici, comme dans tous les autres cas d'incapacité des mineurs, l'action en nullité du rachat ne peut être intentée que par eux seuls et pour lésion (art. 1305). En ce qui concerne la femme mariée, cette dernière condition ne serait pas nécessaire, et la femme pourrait attaquer son rachat pour de simples raisons de convenance ou d'opportunité, quel que soit d'ailleurs le régime matrimonial auquel elle soit soumise.

A l'égard du rachat, que ferait le mari, des rentes dont sont grevés les biens de sa femme, il faut distinguer les régimes matrimoniaux. Si c'est sous le régime dotal que sont mariés les époux, le rachat peut concerner une rente grevant soit les biens dotaux, soit les biens paraphernaux. Dans le premier cas, le rachat peut être fait par le mari avec ses propres deniers ; alors ce dernier doit être considéré comme tiers intéressé payant la dette d'autrui, et comme tel il est subrogé (art. 1251, 3°). S'il fait le rachat avec les deniers dotaux, il ne cessera d'en être comptable vis-à-vis de la femme que si celle-ci accepte le rachat comme emploi de ses deniers (art. 1434).

Dans l'hypothèse où la rente grève des biens paraphernaux, la femme ne pourra exercer le rachat que comme le ferait une femme séparée de biens, par conséquent dûment autorisée ; et le mari qui, dans ce cas, opérerait le rachat, ne serait plus qu'un simple gérant d'affaires.

Sous le régime de communauté, le mari peut racheter seul une rente grevant un conquêt comme celle qui grèverait un de ses propres. A

l'égard des rentes grevant un propre de la femme,
on appliquera les mêmes règles que sous le régime
dotal, c'est-à-dire, celles de l'emploi, si les deniers
de la femme ont seuls servi au rachat, ou celles de
la gestion d'affaires, dans le cas contraire. Notons
que, s'il s'agit de dégrever d'une rente un immeuble propre à l'un des époux, et que les deniers aient
été pris dans la caisse de la communauté, à la
dissolution du mariage il est dû récompense par
celui des conjoints, au profit duquel l'argent
commun a été employé.

Enfin sous le régime sans communauté, les
mêmes règles nous semblent encore applicables.

A l'égard de la capacité requise dans la personne qui reçoit le rachat, les textes sont plus
explicites et les principes plus sûrs. Ainsi le tuteur
du mineur ou de l'interdit peut recevoir les capitaux, comme il peut les employer. Mais l'art. 482
défend au mineur émancipé de recevoir un capital mobilier sans l'assistance de son curateur.
L'art. 513 porte la même défense pour le prodigue,
non assisté de son conseil judiciaire. La femme
séparée de biens, ou dotale administrant ses paraphernaux, peut recevoir ses capitaux, et aussi le
rachat d'une rente. La femme commune, ou mariée
sans communauté, n'administrant pas ses biens
propres, c'est au mari à recevoir le prix de rachat,
sauf, à la dissolution de la communauté, récompense de ce prix à l'époux créancier de la rente.

En ce qui concerne les pouvoirs du mari sous

le régime dotal ou de séparation de biens, la question ne peut pas faire difficulté, relativement aux rentes dues à la femme ; dans les cas où cette dernière peut recevoir le rachat elle-même, le mari est pleinement incapable.

Si, lors du contrat, un capital a été fixé, c'est ce dernier qui doit être remboursé ; si au contraire rien n'a été stipulé à cet égard, on déterminera la somme qui doit être versée aux mains du créancier, en multipliant par vingt les arrérages annuels. Si la prestation est due en nature, on suivra, pour fixer le montant du rachat, le mode de procéder établi pour la détermination du capital à inscrire aux hypothèques.

Entre le débiteur et le créancier le rachat doit avoir lieu pour le tout, à moins que lorsdu contrat il n'en ait été convenu autrement (art. 1220). Si à sa mort le débiteur laisse plusieurs héritiers, chacun d'eux peut faire le rachat seulement pour la part qu'il prend dans la succession ; il ne saurait, à cet égard, être question d'indivisibilité même *solutione tantum*, car, à la différence du cas de résolution, dont il sera parlé plus loin, le créancier n'éprouve pas de préjudice en recevant partie de son capital, et partie des arrérages. Pour soutenir que le rachat doit être total, on se prévaudrait vainement des dispositions de l'art. 1670 relatif au réméré. Lorsque plusieurs personnes ont vendu à réméré conjointement et par un seul contrat un héritage commun, ou que le vendeur laisse plusieurs héritiers, le rachat doit être total. Mais il n'existe aucune similitude entre la position du créancier d'une rente, auquel l'un des héritiers du débiteur offrirait pour sa part le remboursement du capital, et celle de l'acquéreur d'un corps certain, au préjudice duquel l'un des héritiers du vendeur prétendrait exercer pour sa part seulement la faculté de réméré ; le morcellement d'un immeuble cause un préjudice que ne cause pas le morcellement d'une rente.

La divisibilité du rachat a lieu également dans l'hypothèse où il existe plusieurs acquéreurs originaires ; mais s'il y a eu solidarité stipulée pour le rachat, les principes généraux en cette matière recevront leur application.

Remarquons, du reste, que la solidarité stipulée pour le paiement des arrérages n'entraîne pas la solidarité quant au rachat. La solidarité en effet n'existe qu'autant qu'elle a été stipulée. On pourrait de plus tirer un argument de l'art. 1212. Cet article, loin d'avoir en vue une aggravation de l'état des débiteurs, ne tend au contraire qu'à rendre leur position moins onéreuse, puisque le paiement partiel des arrérages pendant dix ans entraîne l'extinction de la solidarité quant au capital. Conclure de la stipulation de solidarité quant aux arrérages à la solidarité quant au rachat nous paraît aller complétement contre l'esprit de l'art. 1212.

Il est vrai que l'insolvabilité d'un des débiteurs,

en faisant retomber sur les autres la part des arrérages dus par l'insolvable, les met dans la nécessité
de racheter cette part, quand ils veulent s'affranchir
de la portion des arrérages à la charge de l'insolvable ; mais ils peuvent ne vouloir ou ne pouvoir
éteindre la rente que pour partie, et il est bon de
constater pour eux cette faculté.

Voyons maintenant le cas de plusieurs créanciers
originaires ou héritiers d'un créancier. L'indivisibilité peut encore moins se présenter que dans le
cas précédent, car l'indivisibilité *solutione tantum*
n'aurait aucune application entre les créanciers,
puisqu'elle est exclusivement *passive*, et l'indivisibilité *obligatione* ne peut se rencontrer ici, puisque
la somme obtenue devrait ensuite par le rachat
total être partagée entre chacun des créanciers.

Le remboursement ne cesserait pas d'être partiel,
quand bien même par suite du partage de la succession, la rente appartiendrait en entier à l'un
des héritiers du créancier. L'art. 883 du Code
Napoléon ne nous paraît pas applicable aux créances que la loi elle-même, dans l'art. 1220, divise
entre les héritiers du créancier, et par conséquent
le partage qui est fait ensuite, et qui attribue la
totalité de la rente à l'un des héritiers, ne peut
nuire aux tiers ; il n'y a là qu'une cession de la
part des autres héritiers. Or, le débiteur de la
rente ayant eu le droit, dès la mort du créancier,
de faire le remboursement à chacun des héritiers
pour sa part, n'a pas dû en être privé par le

partage, ou par tout autre acte qui aurait attribué la totalité de la rente à l'un deux.

Lorsque le débiteur d'une rente veut rembourser, il doit avec le capital offrir tous les arrérages échus. Que la rente soit rachetable en un ou plusieurs paiements, ou que la mort du débiteur en ait opéré la division entre les héritiers du *de cujus*, le montant intégral des arrérages échus doit être acquitté, car le paiement de tout ou partie du capital ferait supposer que tous les arrérages ont été payés. Si cependant plusieurs personnes s'étaient engagées conjointement, chacune d'elles, en remboursant le capital, ne serait tenue que d'une part correspondante des arrérages, car elle n'est engagée que pour sa part dans la dette.

Le rachat s'effectue en monnaies ayant cours légal au jour où il a lieu. Toute convention, qui tendrait à enlever cette faculté au débiteur, serait nulle, comme contraire à l'ordre public (argum. de l'art. 1895). On ne pourrait même la restreindre à l'emploi d'une des monnaies légales à l'exclusion d'une autre.

En principe, le rachat doit être fait au domicile du débiteur, mais une convention peut lui imposer d'effectuer le paiement au domicile du créancier (art. 1247).

Quant à la procédure à suivre pour parvenir au rachat, le redevable peut à son gré ou intenter une action principale, ou commencer par des offres réelles suivies de la consignation, et dont, en cas de refus du créancier, il demandera la validité au tribunal. Le rachat étant dans l'intérêt du débiteur, c'est ce dernier qui supportera les frais de la procédure et du paiement. L'action, étant personnelle et mobilière, doit être portée devant le tribunal du domicile du créancier. Quant à la forme de la consignation, il faut suivre les dispositions des art. 1258 et 1259 du Code Napoléon, et des art. 812 et suivants du Code de proc.

II° *Rescision pour lésion.* — La lésion de plus des sept douzièmes entraîne pour le vendeur à rente le droit de demander la rescision du contrat. Pour apprécier la vilité du prix, il faut distinguer s'il a été ou non fait une détermination de la somme due pour le rachat. Dans le premier cas, c'est sur cette somme que se fera l'appréciation; dans le second cas, ce sera sur le capital trouvé en multipliant les arrérages par vingt, conformément au mode légal du rachat.

Lorsque la lésion est dûment établie, l'acquéreur à rente a le choix, comme dans la vente, ou de rendre la chose dans l'état où elle était, ou d'augmenter les arrérages annuels depuis la demande, et en même temps le capital du rachat, jusqu'à concurrence de la valeur représentative à laquelle l'immeuble aurait dû être porté au moment du contrat, sous la déduction du dixième (art. 1681). Si l'acquéreur préfère rendre la chose, il doit rendre en même temps les fruits depuis le jour de la demande; mais de son côté, il rentre

dans la somme qu'il a payée à titre d'arrérages depuis cette époque. On lui tient compte aussi de
l'intérêt de ces arrérages depuis la demande en
rescision, car les restrictions à l'anatocisme ne
s'appliquent justement pas aux intérêts des arrérages (art. 1155); mais il ne peut recouvrer les arrérages antérieurs à la demande : ils correspondent
aux produits qu'il a perçus.

III° *Résolution.* — Nous avons vu que le créancier
a un privilége pour se faire payer les arrérages, et
même le capital, au cas où le débiteur par l'inexécution de son obligation pourra être contraint au
remboursement. La loi lui accorde encore un
autre moyen pour sauvegarder ses droits, c'est l'action en résolution.

Cette action peut être exercée tant contre le tiers
détenteur que contre le débiteur lui-même; dans
le premier cas, elle est purement réelle, dans le
second elle est mixte, *tam in rem quam in personam,*
car le débiteur est poursuivi tout à la fois comme
détenteur et comme débiteur. La nature réelle de
l'action en résolution est fondée sur ce que l'aliénateur est censé avoir conservé un droit de propriété sous condition suspensive, et cette condition
se trouve réalisée, quand le débiteur a cessé d'accomplir ses obligations. Quant au caractère personnel, il résulte de ce que le débiteur de la rente
a expressément ou tacitement consenti à restituer
l'immeuble au cas où il ne satisferait pas aux
charges qui lui sont imposées. Dans tous les con-

trats synallagmatiques, la résolution est de droit
(art. 1184) : qu'elle ait été convenue ou non dans
le contrat de rente, le créancier peut y avoir recours. Cependant il n'est pas sans intérêt pour lui
de la stipuler. Quand elle est seulement sous-
entendue, le juge a la liberté d'accorder le délai
qu'il estimera convenable selon les circonstances
(art. 1184, 1655). Si au contraire les parties ont
inséré une clause résolutoire, pour le cas où la
rente ne serait pas payée pendant un nombre d'années déterminé, le possesseur de l'immeuble peut
encore, il est vrai, tant qu'il n'a pas été sommé de
payer les arrérages échus, éviter la résolution du
contrat en exécutant son obligation ; mais, après
une sommation restée inutile, la résolution aura
lieu, sans que le juge puisse lui accorder de délai
(art. 1656). Pour que la résolution ait lieu de plein
droit et sans sommation, il faudrait que la stipulation eût été formelle à cet égard.

La clause résolutoire, étant une des conditions
du contrat, suit l'immeuble en quelques mains
qu'il passe. Le premier acquéreur, n'ayant obtenu
qu'un droit résoluble (art. 1654), ne peut concéder au sous-acquéreur que le droit dont il jouit lui-
même (art. 2182). Le créancier peut donc poursuivre l'exécution de cette clause non-seulement
contre l'acquéreur primitif à charge de rente, mais
contre tout tiers détenteur de l'immeuble, quand
même ce dernier se serait rendu acquéreur du
fonds sans charge de la rente, et lors même qu'il

l'aurait ignorée, ce qui impliquerait d'ailleurs une négligence de sa part.

Lorsque le créancier possède encore l'immeuble arrenté, l'action tendant au payement des arrérages, et celle ayant pour objet de faire rentrer le bien aux mains du créancier, peuvent être exercées simultanément ou successivement; mais bien entendu, si les arrérages ont été obtenus, même tardivement, par une première action, la résolution ne peut plus être demandée.

Voyons maintenant comment s'exercera la résolution, si, par suite de la mort de l'acquéreur à rente, la succession du défunt se trouve partagée entre plusieurs héritiers, et qu'un ou plusieurs d'entre eux manquent à payer les arrérages. Il ne faut pas oublier que la résolution est due personnellement par le débiteur et ses héritiers; d'un autre côté, elle ne peut répondre aux intérêts légitimes du créancier qu'autant qu'elle sera exercée d'une manière indivisible, car le créancier éprouverait un préjudice, s'il ne pouvait rentrer que dans la part de l'immeuble appartenant au débiteur qui ne paie pas les arrérages, et s'il était contraint de souffrir le service de la rente pour le reste. Il pourra donc demander la résolution pour le tout à l'un des héritiers, d'après les règles de l'indivisibilité *solutione tantum*, car il résulte de la nature du contrat que les parties n'ont pas eu l'intention d'en diviser les effets, et d'arriver au service partiel de la rente, et à la résolution également partielle. Les héritiers ne seront donc pas seulement tenus de subir la résolution pour leur part indivise, si le partage n'a pas encore eu lieu, et pour la part qui leur est échue, s'il y a eu partage; et ce n'est pas seulement celui au lot duquel l'immeuble sera tombé en entier, qui subira la résolution pour le tout, mais chacun sera personnellement tenu pour le tout. Il est entendu au surplus que le créancier, pouvant toujours renoncer aux avantages établis en sa faveur, conserve la faculté de demander, contre celui qui ne paie pas les arrérages, la résolution partielle, c'est-à-dire pour sa part divise ou indivise.

Si l'aliénation a été faite à plusieurs acquéreurs originaires, l'action en résolution peut être exercée contre chacun d'après les règles et pour les causes qui précèdent. Il n'y a même pas lieu de distinguer simplement s'ils sont débiteurs solidaires ou conjoints, puisque l'indivisibilité *solutione tantum* a lieu dans les deux cas; et le partage qui serait intervenu entre eux, étant pour le créancier *res inter alios acta*, ne pourrait lui être opposable.

Si le créancier avait fait remise de la dette à l'un des débiteurs, il n'aurait pas perdu le droit de demander la résolution entière à chacun des autres; mais il devrait, en exerçant son action *in solidum*, indemniser le débiteur qu'il poursuivrait, de la part dont il aurait fait remise, et qui ne pourrait être recouvrée par l'action en garantie.

La résolution n'est indivisible que *solutione tan-*

tum, il s'ensuit qu'en cas de plusieurs créanciers originaires, ou héritiers du créancier, chacun ne pourra la demander que pour sa part. En effet, lors même que la résolution serait obtenue pour le tout, il y aurait lieu à division entre eux ; et par conséquent la mesure de l'intérêt de chacun doit être la mesure de son droit.

Le législateur n'a déterminé nulle part le nombre d'années, pendant lesquelles le redevable doit être en retard, pour qu'il y ait lieu d'invoquer la résolution soit contre lui, soit contre le tiers détenteur. Mais on admet avec raison que le créancier pourra, par assimilation à la vente, demander la résolution du contrat, dès que le premier terme échu ne sera pas payé. Il n'est pas nécessaire que le débiteur ait laissé s'écouler deux ans, sans payer les arrérages, comme cela a lieu pour la rente constituée. La disposition édictée par l'art. 1912 du Code Napoléon ne doit pas être étendue. Mais en sens inverse, le juge pourrait accorder un délai au débiteur aux termes de l'art. 1244 du Code Napoléon, et bien que cette faculté ne doive être exercée qu'avec une grande réserve, rien n'empêche cependant le juge d'accorder un délai excédant deux années, en considération de la gravité de la résolution.

Avant la loi du 23 mars 1855, il n'y avait pas lieu de distinguer le cas où le créancier avait pris inscription en vertu de son privilège, et celui où il ne l'avait pas fait. Le droit de résolution était con-

sidéré comme indépendant du privilége, il avait un
fondement sur la propriété ; aussi y avait-il peu
d'intérêt à savoir si le créancier avait ou non, dans
certains cas, conservé son privilége, car il lui était
toujours possible de pourvoir à sa sûreté au moyen de
la résolution. Aujourd'hui il n'en est plus ainsi. La
loi du 23 mars 1855 (art. 7) est venue changer cet
état de chose. Elle déclare l'exercice de l'action résolutoire intimement lié à l'existence du privilége.
Cette action naît et s'éteint avec lui. Dès que le
privilége est perdu, il n'y a plus possibilité pour
le créancier d'agir en vertu de l'art. 1654 du Code
Napoléon contre les tiers détenteurs qui ont acquis
des droits réels, et les ont conservés conformément
à la loi. En outre la purge faisant disparaître le privilége éteint aussi l'action en résolution. La législa-
lation actuelle offre, comme on le voit, une garantie beaucoup plus grande que le Code Napoléon,
puisque, avant la loi de 1855, les tiers qui contrac-
taient avec l'acquéreur ne pouvaient facilement se
prémunir contre le danger de la résolution.

L'action en résolution, conservée ainsi qu'il
vient d'être dit, se prescrit comme toute autre action. Il faut distinguer toutefois quant au délai, si
elle est exercée contre un tiers détenteur, ou contre
le débiteur lui-même. Au premier cas elle se prescrit par le laps de temps qui serait nécessaire au
tiers détenteur pour acquérir la propriété, et par
conséquent il faut chercher s'il y a juste titre, tenir
compte de la bonne ou mauvaise foi, et de la situa-

tion de l'immeuble conformément aux art. 2265
et suivants du Code Napoléon. Le laps de temps et
les conditions, qui libèrent le tiers détenteur de la
résolution, l'affranchissent également du privilége,
avec cette différence toutefois que la possession ne
compte à l'effet d'éteindre le privilége qu'à partir
de la transcription (art. 2180).

Mais si la résolution est exercée contre le débiteur lui-même, la prescription sera toujours de
trente ans, bien que l'action ne soit pas purement
personnelle, car malgré ce qu'elle a de réel, elle
ne pourra être limitée à dix ans, puisque jamais
le débiteur n'aura juste cause et bonne foi pour
prescrire contre le créancier.

Cette distinction entre les deux cas d'exercice de
la résolution nous amène à examiner si l'action peut
être intentée directement et isolément contre le
tiers détenteur, ou s'il faut d'abord que la résolution ait été prononcée contre le débiteur, ou tout
au moins que ce dernier soit mis en cause avec le
tiers détenteur. Ce que nous avons déjà dit de la
nature de cette action nous servira à résoudre cette
difficulté. Toute aliénation à titre onéreux est conditionnelle, le tiers n'a pu acquérir l'immeuble
que sous la condition résolutoire qui l'affectait,
cette condition s'est accomplie, et le créancier en
fournit la preuve; il peut donc recouvrer l'immeuble par l'action réelle qui n'est au fond qu'une
revendication. Sans doute il sera préférable pour
le créancier, dans la plupart des cas, de mettre le

débiteur en cause, ce sera le meilleur moyen pour
lui de prouver l'inexécution de ses obligations;
d'un autre côté, le tiers détenteur aura le plus
souvent droit d'appeler le débiteur en garantie, en
sorte que rarement les deux actions seront séparées; mais il n'en faut pas conclure que l'action ne
puisse être directement portée contre le détenteur.
En sens inverse le créancier pourra négliger de
poursuivre le tiers détenteur, et s'adresser uniquement à son débiteur auquel il demandera par
l'effet du contrat sa réintégration dans l'immeuble
aliéné; ici l'action contre le débiteur sera purement personnelle, puisqu'il ne détient plus l'immeuble; elle ne pourra se résoudre qu'en dommages et intérêts, c'est ce qui engagera le créancier
à lui préférer l'action réelle.

En ce qui concerne la compétence il faut rap-
peler trois distinctions fondamentales: 1° Si la
résolution est demandée contre le débiteur lui-
même, alors qu'il ne possède plus, ainsi qu'il
vient d'être dit, l'action sera portée exclusivement
devant le tribunal de son domicile; 2° si le débiteur
possède encore, elle est mixte, tant réelle que
personnelle, et donne lieu à la double compétence de
l'art. 59 du Code de procédure, celle du tribunal
de la situation, ou celle du tribunal du domicile;
3° si elle est intentée contre le tiers détenteur, que
le débiteur soit ou non mis en cause, elle est purement réelle, et se porte devant le tribunal de la
situation.

11

Voyons maintenant l'effet de la résolution prononcée. La résolution du contrat à rente prononcée par un jugement passé en force de chose jugée
a pour effet de faire revivre le titre primitif de propriété; l'arrentement est censé n'avoir jamais existé.
Ainsi, bien que le créancier ne soit pas encore
rentré dans la possession du fonds, le débiteur
ne peut plus purger sa demeure. Les hypothèques
ou les servitudes imposées sur l'immeuble du chef
de l'acquéreur ou du tiers détenteur sont éteintes,
car ces derniers, n'ayant sur l'immeuble qu'un
droit dont l'existence dépendait du service de la
rente, n'ont pu concéder qu'un droit soumis à la
même condition. Par contre, la résolution fait revivre les servitudes, ou autres droits réels que le
détenteur expulsé avait sur l'immeuble lors de
l'arrentement.

Lorsqu'un immeuble est grevé de plusieurs
rentes foncières, et que la résolution a été obtenue
par un créancier dont la rente n'est pas la plus
ancienne, il a le droit de rentrer dans l'héritage,
s'il se charge du service des rentes ayant une date
antérieure à la sienne. Mais si au contraire c'est
sur la poursuite de différents créanciers que le
contrat a été résolu, celui des poursuivants dont
la rente est la plus ancienne doit être préféré sans
se charger des autres rentes.

Le détenteur expulsé ne doit point payer au
créancier les arrérages courus jusqu'au jour où
l'héritage est abandonné. Du moment que l'im-

meuble lui est enlevé, il ne peut plus être tenu de quoi que ce soit à raison de la rente, à moins qu'il n'ait commis des dégradations sur l'héritage. Réciproquement il lui serait dû indemnité pour les dépenses nécessaires qui auraient conservé l'héritage et aussi pour les améliorations qu'il aurait faites, le tout conformément au droit commun.

IV. *Compensation*. — Le capital de la rente n'étant pas exigible, celle-ci ne peut s'éteindre par la compensation légale (art. 1289). Cette compensation ne peut s'opérer que pour les arrérages. Mais la compensation facultative sera toujours possible, dès que le débiteur pourra effectuer le remboursement volontaire. En outre, si au moment où le débiteur est devenu créancier il avait fait des offres réelles, déclarées dans la suite bonnes et valables, la compensation légale aurait lieu. Il en serait de même au cas où le capital serait exceptionnellement devenu exigible par suite de l'inexécution des conditions.

V. *Perte de la chose*. — Une nouvelle conséquence de ce que la rente n'est plus un démembrement de la propriété est que la perte de la chose arrentée ne peut plus l'éteindre. Le débiteur est tenu personnellement sur tous ses biens, la perte du fonds ne peut plus le libérer. Si même cette perte lui était imputable, il pourrait être tenu de fournir un supplément de sûreté hypothécaire ou d'effectuer le rachat.

VI. *Prescription*. — Nous avons vu que le créan-

cier d'une rente a quatre actions : l'action personnelle contre le débiteur, l'action hypothécaire contre
le tiers détenteur, l'action en résolution tant contre
le débiteur que contre le tiers détenteur, enfin
l'action en reconnaissance de la rente. Chacune
d'elles est soumise à une prescription différente dont
nous avons parlé en les exposant. Faisons seulement
observer ici que ces diverses prescriptions ne sont
pas toutes libératoires de la rente même. La prescription de l'action en résolution et celle du privilége, intimement liées entre elles et toujours con-
comitantes, n'empêchent pas l'exercice de l'action
personnelle; au contraire, la prescription de l'action
personnelle et celle de l'action en reconnaissance
périment le droit tout entier et avec lui le privilége et la résolution, parce que la rente est avant
tout un droit personnel.

Notons que, lorsque l'immeuble se trouve dans
la possession de plusieurs tiers détenteurs, chacun
d'eux peut prescrire la libération de la part qu'il
détient, car l'indivisibilité du privilége n'empêche
pas la prescription libératoire de chaque portion
isolément.

A l'égard de la prescription de l'action personnelle par les débiteurs, elle suit les principes généraux au cas où ils sont solidaires ou simplement
conjoints (art. 1208 et 2249). Il en est de même s'il
y a plusieurs créanciers.

Tout ce qui précède ne s'applique qu'à la prescription de la rente même ou de ses garanties.

Voyons maintenant ce qui concerne les arrérages.

Aux termes de l'article 2277, les arrérages des rentes perpétuelles et viagères se prescrivent par cinq ans. Les arrérages des rentes foncières sont donc soumis, comme ceux de la rente constituée, à la prescription quinquennale. Cette prescription est fondée bien moins sur la présomption de paiement que sur la faveur due au débiteur. Aussi court-elle contre les mineurs et les interdits, sauf leur recours contre leur tuteur (art. 2278). De même celui qui invoque cette prescription ne peut être tenu de prêter serment sur la réalité du paiement. La place de l'art. 2275 prouve d'ailleurs qu'il ne concerne pas les prescriptions de l'art. 2277. L'aveu qu'il n'y a pas eu de paiement ne nuirait pas davantage au débiteur ; le créancier en effet lui préjudicierait gravement, s'il pouvait demander un grand nombre d'années arriérées.

Du reste, cette prescription peut être interrompue de la même manière que les autres. Les articles 2242 et suivants, étant placés dans une section qui traite d'une manière générale des causes interruptives de la prescription, indiquent, par la position qu'ils occupent, qu'ils sont applicables à toutes les prescriptions.

Si la rente elle-même est éteinte par prescription, le créancier ne peut plus demander les arrérages antérieurs au moment où le droit se trouve prescrit ; la présomption de remboursement du capital, ou de toute extinction légitime résultant de

la prescription empêche de demander les arrérages, même pour les cinq dernières années.

CHAPITRE II

DES RENTES CONSTITUÉES.

Ce chapitre sera divisé en trois sections. Dans la
première, nous rechercherons l'origine de la rente
constituée, puis nous indiquerons sa nature et ses
modes de preuve ; dans la seconde, nous nous occuperons de ses conditions de validité, et des
clauses qui peuvent être insérées dans le contrat;
et dans la troisième, de ses différents modes d'extinction. Nous dirons, en forme d'appendice, quelques mots des rentes constituées par donation et
par testament.

SECTION PREMIÈRE

DE L'ORIGINE, DE LA NATURE, ET DE LA PREUVE
DU CONTRAT DE RENTE CONSTITUÉE.

§ 1. — De l'origine de la rente constituée.

Aucune institution peut-être n'a été la source
d'autant de discussions que le prêt à intérêt. Reconnu par les lois romaines qui en fixaient le taux,
il fut vivement attaqué par les premiers défenseurs
de la religion chrétienne qui condamnaient le prêt
à intérêt, comme contraire à la morale et à la cha-

rité. Par une interprétation trop stricte des nouveaux préceptes, les canonistes et certains jurisconsultes soutinrent que le prêt à intérêt était une
iniquité, une source de discordes, la ruine des
fondements de la société, et qu'on devait le mettre
au rang des plus grands crimes. C'était, selon eux,
prendre un profit certain, où celui qui emprunte
peut n'éprouver qu'une perte.

Ils invoquaient en leur faveur divers textes saints.
Dieu, disaient-ils, lors de la création, ne donna
qu'à la terre, parmi les choses inanimées, le pouvoir de produire des fruits : « Germinet terra her-
bam virentem et facientem semen, et lignum po-
miferum faciens fructum... » (Genèse, chap. 1,
♅ 11). Ils s'appuyaient en outre sur ces paroles du
Christ : « Mutuum date, nihil inde sperantes »
(Saint Luc, chap. vi, ♅ 35).

Les défenseurs du prêt à intérêt invoquaient
aussi l'Évangile pour la défense de leur thèse. Le
Christ appelle serviteur méchant et paresseux :
« Serve male et piger » (Saint Matthieu, chap. xxv,
♅ 26 ; voir aussi Saint Luc, chap. xix, ♅ 22), celui
à qui son maître a confié un talent « minam », et
qui l'a enfoui en terre : « Fodit in terram, et
abscondit pecuniam... » (Saint Matthieu, loc. cit.
♅ 18 ; voir aussi Saint Luc, loc. cit. ♅ 20), au lieu
de le mettre entre les mains des banquiers, pour
le faire valoir et produire intérêt : « Et quare non
dedisti pecuniam meam ad mensam, ut ego ve-
niens cum usuris utique exegissem illam...? »

(Saint Luc, *loc. cit.*, ✝ 23 ; voir aussi Saint Matthieu, *loc. cit.*, ✝ 27). Mais il loue comme serviteur bon et fidèle : « Euge, bone serve et fidelis » (Saint Matthieu, *loc. cit.*, ✝ 21 ; voir aussi saint Luc, *loc. cit.*, ✝ 17), celui qui ayant reçu cinq talents les fit profiter, et décupla le capital de son maître : « Mina tua decem minas acquisivit » (Saint Luc, *loc. cit.*, ✝ 16 ; voir aussi Saint Matthieu, *loc. cit.*, ✝ 20).

Quel est donc le sens de ces passages, s'ils ne signifient pas de la manière la plus claire que le prêt à intérêt était autorisé par les lois de l'Église? D'ailleurs le texte cité : « Mutuum date, nihil inde sperantes, » s'explique comme précepte de charité, puisque le Christ ajoute : « Et erit merces vestra multa, et eritis filii Altissimi » (Saint Luc, chap. vi, ✝ 35).

Les raisons d'équité alléguées par les adversaires du prêt à intérêt n'étaient pas plus fondées. Les chances de perte qui, suivant les canonistes, pèsent sur l'emprunteur seul, ne menacent-elles pas aussi le prêteur? Ce dernier ne court-il pas le risque de supporter l'insolvabilité de son débiteur qui, maître de disposer de l'argent comme bon lui semble, tiendra le prêteur à sa discrétion? Le prêteur, en venant au secours de l'emprunteur, se prive de l'argent qu'il lui a confié, et qu'il aurait utilisé en l'employant pour ses propres affaires ; l'emprunteur au contraire, en recevant l'argent, a profité à sa place ; il a acheté des terres, amélioré ses biens, payé ses dettes ; le prêteur peut donc recevoir la légitime compensation de l'avantage qu'il a procuré, en s'en privant lui-même, et des risques qu'il a courus.

L'Église ne défendit d'abord le prêt à intérêt qu'aux clercs. Le concile de Nicée tenu en 325 ne parle dans son canon 18 que des clercs : « Quoniam multi clerici, avaritiæ causa turpia lucra sectantes, obliti sunt divini præcepti, quo dictum est : *qui pecuniam suam non dedit ad usuram;... omnis, qui tale aliquid conatus fuerit ad quæstum, dejiciatur ex clero* » (Omn. concil. gener. et provinc. collec. reg. — Concil. Nicœnum. can. 18, ii, p. 210). En 445, le pape Léon, dans une lettre décrétale adressée aux évêques de la Campanie et du Picénum, ordonna de réprimer sévèrement le prêt à intérêt, et de couper dans sa racine cette occasion du péché : « Ut omnis peccandi opportunitas adimatur » (*Op. cit.* t. VII, p. 55). Plusieurs conciles portèrent des prohibitions semblables et des peines canoniques, tant contre les clercs que contre les laïques. Qu'il nous suffise de citer un passage emprunté au deuxième concile de Latran, en 1130 : « Insatiabilem fœneratorum rapacitatem damnamus,.... præcipientes, ut nullus archiepiscopus, nullus episcopus,.... seu quivis in ordine et clero.... sed et in tota vita infames habeantur : et nisi resipuerint, christiana sepultura priventur » (*Op. cit. Concil. Lateran.* ii. can. 13, t. XXVII, p. 128).

Les lois civiles adoptèrent elles-mêmes les prohibitions portées par les lois ecclésiastiques, et y ajoutèrent des peines de l'ordre temporel.

Dans une ordonnance du mois de juillet 1311, Philippe le Bel s'exprime ainsi : « Veons claire-
« ment, et regardons que les griés usures, qui
« cüerent en cest temps par toutes les parties de
« nostre royaume, devourent et degastent les
« biens, et la substance de nos subgiez commune-
« ment, en tant que sans nombre de gens en sont
« venus en grant poverté, et venroient pluseurs,
« se remede n'y estoit mis. Pourquoy o grant
« conseil et o grant deliberation, deffendons a
« toutes personnes et a singulieres, soient de nos-
« tre royaume, ou dehors, que nul ne fasse, use,
« ne accoustume de faire nulle maniere d'usures
« deffendües de Dieu, par les saincts Peres, et
« par nos antecesseurs. Et jaçoit ce que nous def-
« fendons toutes manieres d'usures, celles usu-
« res, qui sont trop griez, et non portables, et
« lesquelles plus grievement degastent les biens
« et la substance de nos subgiez, deffendons plus
« fortement, et poursuivons, et par cette presente
« ordination punissons ainsi comme il suit. Nous
« mettons et establissons paine de corps et de
« biens... » (*Collect. du Louv.*, t. I, p. 484.)

Ces prohibitions furent encore renouvelées par plusieurs autres ordonnances, par exemple, par celle de Philippe de Valois en 1349 (art. 20) et par celle de Blois en 1579 (art. 202).

Mais les prohibitions portées contre le prêt à intérêt tant par les lois canoniques que par les lois civiles n'avaient pu faire disparaître la nécessité de ce contrat. Le besoin se fit bientôt sentir à celui à qui les capitaux manquaient de recourir à ceux qui pouvaient lui venir en aide. Aussi fut-on obligé, pour arriver en réalité au même but, d'employer d'autres voies.

Le contrat de constitution de rente fut un de ceux inventés pour échapper aux lois sur l'intérêt. « Ces rentes, comme le dit Loyseau, sont établies pour le commerce et trafic de l'argent. » Mais les mêmes inconvénients ne s'y rencontraient pas : suivant lui, ce qu'il fallait surtout éviter dans le contrat qui devait remplacer le prêt à intérêt, c'était l'animosité qui peut exister entre les parties, lorsque arrive le moment de la restitution. Il fallait donc inventer un contrat, où le capital ne fût pas exigible: c'est cet avantage que présente la rente constituée. « Les Français très-chrestiens, « voulans d'une part observer la règle de l'Évan- « gile, *mutuum date, nihil inde sperantes*; et d'ail- « leurs, ayans considéré qu'il n'estait facile de « recouvrer le prest gratuit quand on en avait be- « soin, à cause du refroidissement de charité de « la part des créanciers et de la dureté et ingra- « titude assez commune aux débiteurs, se sont « servis de cette invention des Romains où le « profit modéré peut attirer les hommes pecu- « nieux à secourir les necessiteux, à sçavoir par « le moyen de ces rentes, qui à cause de l'aliéna-

« tion du sort principal, sont plustost ventes que
« prests, et partant ne peuvent échoir en la pro-
« hibition de l'Évangile, qui ne parle que du
« prest » (Loyseau, *Distinct. des rentes*, liv. I,
ch., vi, n° 7).

Il nous semble, malgré l'autorité de Loyseau, que
le mal n'était pas dans la restitution du capital ; à
ce point de vue il aurait fallu défendre ou éluder
tous les contrats qui obligent à payer un capital,
une vente comme un prêt ; même le prêt gratuit aurait dû être défendu. Là n'était pas, selon nous, le
mal qui avait fait prohiber le prêt à intérêt : il était
dans les intérêts eux-mêmes, dont, aux yeux des
économistes du temps, l'illégalité était fondée sur
la prétendue stérilité de l'argent. Dans le système
de Loyseau le prêt perpétuel à intérêt aurait dû
être valable, sans se déguiser sous un nom nouveau,
puisque le capital n'aurait jamais dû être rendu ; or
cela n'est pas admissible. Si le contrat de rente a
été si facilement admis par les canonistes et les jurisconsultes, c'est parce qu'il a revêtu les caractères
d'une vente : le droit de rente fut considéré comme
la chose vendue, le capital en fut le prix, la perpétuité, il est vrai, en fut la conséquence, mais la
cause de la validité même du contrat fut l'absence
de toute idée de fruits produits par l'argent.

Il est assez difficile de déterminer à quelle époque
le contrat de constitution de rente a commencé à être
en usage. Loyseau (*loc. cit.*, n° 3 et 4) veut en trouver l'origine dans le passage suivant de la loi 2 au

Code *De debit. civitat.* « Apud eos, quos superstites
integris facultatibus esse prævideris : vel quorum
hæres incolumia retinet patrimonia, sortes reipublicæ perseverare debebunt : ita tamen, ut annuas
usuras suis temporibus exsolvant : cùm simul et reipublicæ utile sit retinere idoneos debitores : et ipsis
sit commodum, cumulum, debiti minimè nutriri. »

D'après Loyseau ce texte signifie que « pourvu
que le débiteur ne devinst insolvable, et ne demeu-
rast en arrérages, on ne le pouvait contraindre de
rendre le sort principal de la debte. Voilà, dit-il, la
loy, qui sans doute en (des rentes constituées) est la
première origine et invention. »

Pothier au contraire ne voit rien dans cette loi
qui révèle la rente constituée. Selon lui, la loi
2 au Code *De debit. civit.* a en vue une simple mesure d'administration. Constantin ordonne aux administrateurs des villes de ne pas exiger des bons
débiteurs la restitution des sommes qui avaient
été prêtées par les villes au moyen d'un contrat de
prêt à intérêt ordinaire, bien que ces villes aient
le droit d'exiger la restitution du capital ; car ces
sommes étant destinées à être placées à intérêt,
il était inutile de les répéter d'un débiteur solva-
ble, pour les placer chez une autre personne.

Pothier appuie son opinion sur une raison qui
paraît excellente : « si les débiteurs des villes,
dit-il, eussent été des débiteurs de rentes constituées, dont le principal par la nature du contrat
n'est pas exigible, il eût été inutile de recomman-

der aux administrateurs de ne les pas exiger et d'en faire une règle de bonne administration » (Pothier, *Cont. de constit. de rente*, n° 7).

C'est avec plus de raison que ce même auteur trouve les premières traces de la rente constituée dans la novelle 160. Les officiers municipaux de la ville d'Aphrodise, pour conserver une forte somme d'or qui avait été léguée à la ville, avaient placé cette somme à la charge de la prestation annuelle d'une certaine redevance, tant que ceux à qui elle avait été placée la garderaient. Voici le passage de la novelle, dont argumente Pothier : « Quidam eorum, qui in republica cum potestate erant, eam auri summam collocaverint, ut quandiù id auri apud ipsum resideret, tandiù qui suscepisset, quoque anno pro eo civitati dependeret (sive quis id pactum, sive reditum, sive etiam usuram appellare velit) quantum ferre civitatem æquum esset. » Les emprunteurs, pour se dispenser de la continuation de cette prestation annuelle, se prévalurent de la constitution de Justinien qui déclarait que les intérêts ne couraient plus dès qu'ils égaleraient le principal. Justinien consulté sur cette difficulté décide dans la nov. 160 que sa constitution, relative à la cessation du cours des intérêts dans le contrat de prêt, ne reçoit aucune application dans l'espèce, parce qu'elle ne concerne que les créanciers des sommes prêtées à intérêt, et que la prestation annuelle dont il s'agit dans l'hypothèse proposée ne ressemble pas aux intérêts d'une somme

prêtée, mais plutôt à un revenu annuel : « Illam
do creditoribus conscripsimus ; præsens vero spe-
cies illam non attingit, si quidem hoc magis annuo
reditui quam usurarum præstationi simile videtur. »
Justinien, dans cette novelle, s'exprime d'une manière qui ne peut laisser aucun doute ; il distingue le paiement des intérêts, provenant d'un prêt,
du paiement des arrérages provenant d'une rente
« annuo reditui. »

Au reste, quelle que soit l'origine de la rente constituée, ce n'est qu'au treizième ou quatorzième
siècle que les rentes furent d'un fréquent usage.
Certainement ce contrat a dû prendre naissance
avant cette époque, car une institution ne naît pas
avec tout son développement, elle se forme petit à
petit ; mais la rente était très-peu usitée, et cela
est naturel, car en droit romain l'on n'avait pas
besoin de déguiser le prêt sous la forme d'un autre contrat, puisque le prêt à intérêt était organisé
par les lois.

Le contrat de constitution de rente revêtu du
caractère dont il a été parlé, c'est-à-dire le principal n'étant pas remboursable, prit un grand développement ; l'argent dont le mouvement avait été
arrêté par la prohibition du prêt à intérêt entra
de nouveau dans la circulation ; les évêques, les
communautés religieuses, la noblesse, les bour-
geois le mirent également en pratique.

Toutefois des susceptibilités s'éveillèrent bientôt dans l'esprit de quelques théologiens qui ne

voyaient dans la constitution de rente qu'un prêt ordinaire déguisé ; des doutes s'élevèrent dans les consciences de ceux qui plaçaient ainsi leur argent, de sorte que le clergé de plusieurs diocèses s'adressa au pape Martin V, pour le consulter sur ce contrat qui était usité depuis un temps immémorial et surtout depuis cent ans. Dans sa bulle *Regimini* en 1423, le pape le déclara licite : « Licitos et juri communi conformes » (*Extrav. commun.* lib. III, t. V, ch. I; *de empt. et vendit.*).

En 1556, une bulle de Calixte III vint confirmer la décision de Martin V.

Ces différentes décisions des papes ne mirent pas fin aux scrupules de certains théologiens. Car dans les espèces présentées aux papes Martin V et Calixte III, et sur lesquelles ils s'étaient prononcés, les contrats de constitution de rente avaient été accompagnés d'une certaine modalité appelée *clause d'assignat*, et d'où il résultait que le débiteur était libéré, si le fonds sur lequel portait la clause d'assignat venait à périr. Or, en France, il n'était pas d'usage que la rente fût établie sur un fonds déterminé, mais tous les biens et la personne du débiteur étaient engagés.

En 1569, le pape Pie V décida, dans sa bulle *Cum onus*, que les rentes devaient nécessairement avoir une assiette sur un fonds déterminé et fécond de sa nature, et que la perte du fonds entraînerait la perte de la rente : « Statuimus censum seu annuum reditum creari constituive nullo modo posse, nisi in re immobili.... Postremo omnes census in futurum creandos, re in totum vel pro parte perempta...., volumus ad totam perire. » Cette bulle ne fut pas publiée en France, et dès lors, on n'eut aucun égard aux défenses qu'elle portait.

Elle fut modifiée par Grégoire XIII, successeur de Pie V.

En 1583, le concile de Bordeaux décida que la rente devait contenir la clause d'assignat ; mais cette décision ne fut pas suivie.

Enfin, le pape Benoît XIV déclara valable le contrat qui serait fait sans clause d'assignat.

Les rentes furent dès lors reconnues licites par les Ordonnances des rois de France, et pratiquées par eux-mêmes dans l'intérêt de l'État.

Un édit de François Iᵉʳ, en date du mois de septembre 1522, porte création de 16,666 livres de rente au denier douze, à prendre sur la ferme du bétail à pied fourchu, et sur l'impôt du vin (Debeaumont, *Jurispr. des rentes*, p. 330). Ce même auteur rapporte que les premières rentes sur le clergé furent créées par Charles IX, lors des troubles excités par les Huguenots dans le royaume, en 1862.

En étudiant le contrat de rente constituée nous ne nous proposons pas d'exposer séparément et d'abord l'ancien droit français, puis la législation moderne, comme nous l'avons fait pour la rente foncière : les deux législations n'offrent pas d'assez

12

notables différences pour être ainsi isolées l'une de l'autre. Nous croyons donc devoir présenter constamment le parallèle sur chacune des divisions de la matière.

§ 2. — De la nature de la rente constituée.

Pothier définit la rente constituée : « Un contrat par lequel l'un des contractants vend à l'autre une rente annuelle et perpétuelle dont il se constitue le débiteur, par un prix licite convenu entre eux, qui doit consister en une somme de deniers qu'il reçoit de lui, sous la faculté de pouvoir toujours racheter la rente lorsqu'il lui plaira, pour le prix qu'il a reçu pour la constitution et sans qu'il puisse y être contraint. » La rente était donc au temps de Pothier la vente d'une créance dont le vendeur était débiteur. Le crédit rentier achetait de la personne qui devait servir la rente le droit de lui réclamer chaque année une somme fixée, moyennant un prix principal qu'il payait de suite et dans son intégrité. Aussi Pothier traite-t-il de la rente constituée immédiatement après la vente.

On admettait généralement que la rente constituée était immeuble comme la rente foncière ; toutes deux elles produisaient des arrérages qui s'acquéraient jour par jour. Mais comme elle avait pour objet une somme d'argent, il eût semblé plus naturel de décider qu'elle était un meuble, d'après la règle que la nature de la créance résulte de la nature même de la chose due et qui en fait l'objet :

Actio. ad mobile est mobilis. C'était en effet cette qualité qui lui était donnée par quelques coutumes, telles que celles de Blois, de Reims, de Troyes, etc. Mais les coutumes de Paris et d'Orléans, qui formaient le droit commun de la France, rangeaient les rentes constituées dans la classe des biens immeubles, et comme conséquence les déclaraient susceptibles d'hypothèques. Pothier en donne un motif qui est, comme le dit M. Troplong, plutôt une figure de rhétorique qu'une raison: c'est que les arrérages, auxquels le créancier a droit sans aucune diminution du capital de la rente, ressemblent beaucoup au revenu annuel et perpétuel que produisent les immeubles. C'était aussi dans la classe des biens immeubles que les canonistes plaçaient la rente constituée. Elle ressemblait par là à la rente foncière, mais les deux rentes différaient sur plusieurs points :

La rente foncière était retenue comme démembrement de propriété lors de l'aliénation d'un immeuble ; la rente constituée au contraire était créée par le débiteur, contre lui-même, moyennant un capital mobilier. Comme conséquence la plus saillante, les arrérages de la rente foncière étaient dûs par tout possesseur de l'héritage, même successeur à titre singulier, tandis que les arrérages de la rente constituée n'étaient dûs que par le constituant et ses héritiers.

La rente foncière était due par l'héritage qui en était chargé, et ce n'était qu'au moyen du dé-

guerpissement que le possesseur de l'immeuble arrenté pouvait s'affranchir du service des arrérages;
la rente instituée, même garantie par une hypothèque, était une dette personnelle dont il était impossible de se dégager en abandonnant l'héritage.

La rente foncière n'était pas rachetable, à moins
qu'elle ne fût établie sur les maisons de la ville et
des faubourgs de Paris, si toutefois elle n'était pas
la première après le cens; la rente constituée au
contraire pouvait être rachetée au gré du constituant.

Dans la rente foncière, les parties pouvaient insérer telles conditions qu'elles voulaient, même
restreindre la faculté de rachat dans le cas où elle
avait lieu de droit; dans la rente constituée, toute
convention tendant à empêcher la libération du
débiteur, aurait été nulle; le rachat était de son
essence.

La faculté de rachat stipulée pour la rente foncière
était prescriptible; elle ne l'était pas dans la rente
constituée.

Les arrérages de la rente foncière n'étaient pas
assujettis à la prescription de cinq ans, comme
l'étaient ceux de la rente constituée.

Les intérêts des arrérages de la rente foncière
étaient dus du jour de la mise en demeure; ceux
de l   e constituée ne l'étaient qu'à partir de la
demai   parce que les arrérages de cette dernière étaient réputés *ad instar usurarum*.

La rente constituée était, avons-nous dit, une

espèce de vente. Il y avait en effet une chose
vendue, la créance, et un prix, le capital. Cependant la rente différait de la vente sur deux points
essentiels que Pothier signale. Ainsi la vente était
parfaite par le seul consentement des parties, elle
était un contrat consensuel et synallagmatique ;
la rente au contraire n'était créée que par la tradition des deniers, c'était un contrat réel, et par
suite unilatéral. On voit que l'idée de vente n'a-
vait été introduite que pour faire accepter ce
contrat, car au fond, on lui appliquait les règles
du prêt pour sa formation et, comme nous le verrons, la restriction à l'usure à l'égard des arrérages.

Toutefois une différence notable existait entre
le prêt proprement dit et la rente constituée, destinée à le remplacer. Dans le prêt à intérêt, le
capital peut toujours être demandé au débiteur soit
à l'époque convenue par les parties, soit au gré du
créancier, s'il n'a pas été fixé d'échéance ; dans le
contrat de rente au contraire, le capital est à
l'égard du crédit rentier aliéné à jamais, c'est-
à-dire que le créancier ne peut en demander le
remboursement que dans les cas exceptionnellement prévus par la loi. Tout ce à quoi s'engage
le débiteur de la rente, c'est à la prestation des arrérages, et nullement au remboursement du
capital.

Malgré cette différence, Pothier reconnaît que
le contrat de constitution de rente a quelque rap-

port avec le prêt à intérêt. Dans la rente comme dans le prêt, le service soit des arrérages, soit des intérêts est subordonné au non-remboursement du capital. Il admet qu'en réalité et au fond les arrérages ne sont autre chose que les fruits d'un capital dont le crédit rentier ne peut exiger le remboursement, de même que les intérêts sont les fruits d'un capital remboursable. Pothier sentait si bien que le contrat de rente était uni au prêt à intérêt par le lien le plus intime qu'il dit (n° 109) que le contrat de rente est une *espèce de créance d'une somme capitale* ; puis il développe son idée : « Nous disons que la rente constituée est une *espèce de créance* d'une somme capitale, parce que ce n'est qu'improprement que le créancier d'une rente constituée est créancier de la somme qui en fait le capital, puisqu'il ne peut pas exiger cette somme : elle est *magis in facultate luitionis et solutionis, quam in obligatione*. Elle est néanmoins en quelque façon *in obligatione, non quidem purâ et simplici, sed conditionatâ* : le débiteur de la rente est débiteur du capital *non quidem formaliter et distincte, sed effective et conditionaliter*. Il ne peut faire cesser le cours des arrérages qu'en payant le capital ; on peut donc dire en ce sens que le capital d'une rente est dû et que lorsque le débiteur en offre le remboursement, il offre le paiement de ce qu'il doit. »

La rente était tantôt meuble, tantôt immeuble suivant la province qu'habitaient les parties ; et à cet égard deux questions divisaient les auteurs. La

première était celle de savoir, quel était le caractère de la rente, lorsque le constituant et le crédit
rentier habitaient deux provinces dont l'une considérait les rentes comme meubles, et l'autre comme
immeubles. Pothier décide que c'était le domicile
du crédit rentier qu'il fallait considérer.

La seconde question était propre au conquêt,
lorsque créée avec le caractère mobilier par l'effet
du domicile du créancier primitif, elle passait sur
la tête d'une personne mariée sous le régime de la
communauté, et habitant une province qui reconnaissait à la rente le caractère d'immeuble. Pothier
décide que la rente tombait en communauté, et
devait être regardée comme un acquêt, et non
comme un propre, parce que, dit-il, pour qu'une
rente soit propre, il ne suffit pas qu'elle ait la qualité d'immeuble en la personne de l'héritier, il
faut qu'elle ait eu cette qualité en la personne du
défunt.

Comme résultat de ces variations dans le caractère des rentes, Pothier signale encore un fait
qu'il est curieux de noter. Le crédit rentier soumis à une coutume réputant les rentes immeubles
avait consenti un droit d'hypothèque sur une
rente, il passe dans un pays qui répute les rentes
meubles ; l'hypothèque continue à subsister sur
cette rente; on pouvait ainsi avoir hypothèque sur
un meuble : de même, si avant la translation de
propriété d'une rente, réputée immeuble, à une
autre personne régie par une coutume qui met-

tait les rentes au nombre des meubles, il avait été consenti une hypothèque sur cette rente, cette hypothèque continuait à subsister.

Lors de la rédaction du Code Napoléon, les scrupules de l'ancien droit sur l'intérêt de l'argent avaient disparu ; le législateur moderne n'a donc pas eu besoin de recourir à la fiction d'une vente, puisque dans l'art. 1905 il autorise le prêt à intérêt dont même il ne limite pas encore le taux. La rente constituée n'est désormais qu'un prêt perpétuel à intérêt. Aussi n'a-t-il pas craint de rapprocher dans le même titre deux contrats dont l'un est le genre, et l'autre l'espèce, et il déclare que l'on peut stipuler un intérêt moyennant un capital que le prêteur s'interdit d'exiger ; dans ce cas, le prêt prend le nom de constitution de rente (art. 1909).

La législation actuelle, ainsi affranchie des entraves du droit canonique, a permis le prêt à intérêt sans autre restriction que celle sur l'usure, et a rendu à la rente constituée son véritable caractère. C'est donc aujourd'hui une créance d'arrérages proprement dite.

La rente foncière et la rente constituée ont ainsi dans la législation moderne les mêmes caractères essentiels. Le droit est personnel, mobilier et de plus soumis à l'extinction par voie de rachat. Toutefois une différence fondamentale les sépare encore. La rente foncière est une véritable vente, comme nous l'avons vu, la rente constituée, au contraire, est un prêt perpétuel à intérêt (art. 1909). De là les conséquences suivantes :

La rente foncière est un contrat consensuel et synallagmatique ; la rente constituée est un contrat réel et unilatéral.

Dans la rente foncière les droits du créancier sont garantis par le privilége du vendeur ; ceux du créancier d'une rente constituée ne le sont qu'autant que ce dernier a eu soin de stipuler une hypothèque ou une autre sûreté.

Le défaut de paiement d'un terme échu peut entraîner la résolution du contrat de rente foncière par application de l'art. 1184 du Code Nap. ; en matière de rente constituée, il faut, pour que le créancier puisse demander le remboursement du capital, que le débiteur ait négligé pendant deux ans de satisfaire à ses obligations.

Dans la rente foncière, les arrérages n'ont d'autres limites que celles qu'il plaît aux parties de leur assigner, parce qu'il n'est pas possible de fixer légalement le taux des immeubles ; dans la rente constituée, au contraire, les arrérages ne peuvent excéder le taux légal de l'intérêt, fixé par la loi du 3 septembre 1807.

Le rachat peut être réglé librement par les parties dans la rente foncière, tandis que dans la rente constituée le capital du rachat ne peut excéder le produit des arrérages multiplié par vingt.

Enfin dans la rente foncière, le créancier peut

stipuler que le rachat n'aura pas lieu avant trente
ans (art. 530) ; dans la rente constituée, ce délai
ne peut excéder dix ans (art. 1911).

Le caractère mobilier aujourd'hui bien déterminé des rentes constituées par l'art. 529 nous
dispense d'examiner les questions qui occupaient
Pothier, à l'égard du contrat de mariage ; toute
rente entre en communauté activement et passi-
vement sans récompense.

Pour terminer ce qui concerne la nature de la
rente constituée dans le droit moderne, examinons
si elle est susceptible d'usufruit et avec quels
effets.

Une rente constituée produisant des arrérages
sans que la substance en soit altérée, on peut évidemment la soumettre au droit d'usufruit. Les règles relatives à cette matière ne sont pas développées dans le Code ; il suppose seulement qu'on peut
donner l'usufruit d'une rente viagère (art. 588) ;
ce qui implique naturellement possibilité de l'établir sur une rente perpétuelle ; en outre, la loi
suppose dans l'art. 1567 un mari ayant l'usufruit
de rentes dotales. Du reste les règles auxquelles
est soumis l'usufruit des meubles peuvent s'appliquer aux rentes. La disposition de l'art. 600, qui
exige pour l'entrée en jouissance un inventaire des
meubles, s'appliquera par équivalent. L'usufruitier
d'une rente devra, comme tout autre, donner
caution (art. 601), et s'il ne peut s'en procurer, le
nu-propriétaire gardera l'exercice du droit de

rente et en servira les arrérages à l'usufruitier.

Ce dernier jouit de la rente *salvâ rerum substantiâ* ; il acquiert en toute propriété les arrérages qu'elle produit ; à la fin de l'usufruit il doit restituer le droit lui-même. Si par suite d'un cas fortuit ou d'une force majeure, la rente a diminué de valeur, il n'en est pas responsable, il est complétement libéré en la restituant dans l'état où elle se trouve. Il devra, si le débiteur laisse écouler deux ans sans payer les arrérages, en avertir le crédit rentier (art. 614), auquel il peut être d'un très-grand intérêt d'être informé de l'inexactitude du débiteur à remplir ses engagements. Le nu-propriétaire peut alors, s'il le juge convenable, obtenir le remboursement que peut-être plus tard l'insolvabilité complète du constituant rendrait impossible ; de plus, si le débiteur restait pendant trente ans sans payer d'arrérages, il aurait prescrit la créance, et le droit du crédit rentier se trouverait à jamais éteint. Dans ce cas, du reste, le créancier a recours contre l'usufruitier.

Le nu-propriétaire, comme en matière d'usufruit ordinaire, ne garantit pas la jouissance à l'usufruitier qui, aux termes de l'art. 600, prend les choses dans l'état où elles se trouvent ; cependant il ne peut pas non plus, par son fait ni de quelque manière que ce soit, nuire aux droits de l'usufruitier (art. 599).

Si le constituant effectue le remboursement (qui bien entendu doit être fait entre les mains du crédit rentier), la rente, éteinte à la vérité entre les parties, devra être remplacée à l'égard de l'usufruitier par la jouissance du capital ; il serait trop à craindre qu'il n'y eût collusion entre le débiteur et le nu-propriétaire pour effectuer le rachat. Si même dans le contrat, la rente a été stipulée non remboursable pendant dix ans, le crédit rentier ne peut accepter le remboursement anticipé sans le consentement de l'usufruitier, ou bien il serait tenu envers celui-ci d'une indemnité au cas où il aurait intérêt à ce que la rente fût servie suivant sa première teneur. Si le débiteur ne paie pas les arrérages pendant deux ans, le créancier peut exiger le remboursement, sans être tenu envers l'usufruitier à autre chose que de le laisser jouir du capital. Faute par le constituant de fournir les garanties promises, le crédit rentier peut demander le remboursement ; dans ce cas il ne devra pas non plus de dommages et intérêts à l'usufruitier. S'il ne peut parvenir à se faire rembourser par suite de l'insolvabilité du débiteur, il n'y aura lieu de la part de l'usufruitier à aucune réclamation. Mais si le crédit rentier a laissé par sa faute diminuer ou disparaître les sûretés qui lui garantissaient le service de la rente, par exemple, s'il a négligé de renouveler, dans les délais prescrits par la loi, l'inscription hypothécaire sur l'immeuble affecté à sa sûreté, il doit lui-même donner une garantie à l'usufruitier.

L'usufruit d'une rente s'éteint de la même manière que l'usufruit ordinaire (art. 617).

§ 3. — De la preuve du droit de rente constituée.

Pour établir la preuve du droit de rente, le créancier dans l'ancien droit pouvait invoquer d'abord le titre primordial sous seing privé ou authentique, en second lieu les titres récognitifs, c'est-à-dire les actes de reconnaissance et de déclaration d'hypothèque qui en avaient été passés par le débiteur ou ses héritiers, ou par les tiers détenteurs des fonds qui y étaient hypothéqués. La preuve testimoniale appartenait également au créancier, si le capital n'excédait pas 100 livres, conformément au droit commun, car la valeur de la rente considérée comme chose vendue s'estimait d'après le capital qui avait été donné en paiement, et qui devait être restitué pour le rachat. L'aveu et le serment étaient aussi admis. Parmi les présomptions, la chose jugée avait en cette matière son autorité ordinaire ; mais à l'égard de la prescription, des distinctions étaient à faire : si des arrérages avaient été payés une ou plusieurs fois, cet aveu implicite de la rente n'en faisait pas pleine foi : on pouvait seulement y voir un commencement de preuve. Mais joint à d'autres documents il pouvait suffire à la conviction du juge, et dans tous les cas il permettait d'obtenir au possessoire une provision ou prestation intérimaire ; le paiement des arrérages pendant dix ans suffisait à lui seul, selon Dumoulin, pour établir la rente même au pétitoire, sauf la preuve contraire que pouvait fournir le

prétendu débiteur, par tous les moyens possibles.
Enfin le service des arrérages pendant trente années
faisait acquérir le droit de rente, sans qu'aucune
preuve contraire en fût admissible : ainsi, quand
bien même le débiteur qui avait servi la rente pendant trente ans aurait rapporté un acte de remboursement fait anciennement par ses auteurs, il
n'en devait pas moins continuer le service de la
rente, car la prescription en avait créé une nouvelle.

Aujourd'hui ces différentes solutions sont encore
applicables. Toutefois le taux de la preuve testimoniale est porté de 100 livres à 150 francs.

A l'égard de la prescription acquisitive de la
rente, des doutes sont possibles, car la rente ayant
cessé d'être immeuble semble, moins que dans
l'ancien droit, susceptible de la possession utile
pour prescrire. Cependant des auteurs faisant autorité admettent cette prescription. Selon eux la
prestation d'une rente pendant trente ans établit
une présomption *juris et de jure* qu'un capital a
été fourni pour la constituer. Cette solution nous
semble devoir être admise.

SECTION II.

DES CONDITIONS DE VALIDITÉ DU CONTRAT DE RENTE CONSTITUÉE.

Nous examinerons séparément : 1° le taux auquel
les rentes sont soumises ; 2° les qualités requises

dans les parties contractantes; 3° les clauses qui peuvent être stipulées dans ce contrat.

§ 1er. — Du taux de la rente constituée.

Le taux des rentes a subi beaucoup de variations. On pouvait autrefois se faire constituer une rente sur le pied du denier dix (10 p. 100). C'est ce qui résulte des *Extravagantes Regimini* de Martin V et de Calixte III. C'était aussi le taux fixé par l'art. 379, de l'ancienne coutume d'Orléans, rédigée en 1509; Charles IX, par un édit du mois de mars 1567, a réduit le taux au denier douze (8$\frac{1}{3}$ p. 100); Henri IV, par édit du mois du juillet 1601, au denier seize (6$\frac{1}{4}$ p. 100); Louis XIII, par édit de 1634, au denier dix-huit (5$\frac{5}{9}$ p. 100); Louis XIV, par édit de décembre 1665, au denier vingt (5 p. 100). Le taux des rentes, après avoir été réduit au denier cinquante (2 p. 100) par un édit de 1720 qui ne fut pas enregistré, puis fixé au denier trente (3$\frac{1}{3}$ p. 100) par édit du mois de juin 1724, fut enfin rétabli au denier vingt (5 p. 100) par édit de juin 1725. C'est à ce taux que les rentes étaient constituées au temps de Pothier. Rien du reste n'empêchait de fixer un taux moins élevé, car c'est en faveur des débiteurs seuls que les lois prennent soin de limiter le produit de l'argent.

Dans l'ancien droit l'acquéreur d'un immeuble pouvait se faire restituer pour lésion énorme, c'est-à-dire de plus de moitié. Mais cette faculté n'était

pas admise au profit de l'acquéreur d'une rente,
parce qu'il lui était toujours facile d'apprécier la
valeur de la chose acquise, comparée au prix qu'il
en donnait. Aussi était-il considéré comme faisant
une donation de tout ce qui excédait le prix légal
de la rente.

On admettait qu'il pouvait n'y avoir pas donation pour tout excédant du taux légal, qu'ainsi une
constitution de rente, bien que faite à un taux plus
fort que celui de l'ordonnance, comme au denier
vingt-trois, vingt-quatre, ou même vingt-cinq,
n'était pas censée renfermer une donation, car selon Pothier, ces constitutions étaient admises souvent en considération de la solvabilité du constituant, ou des garanties qu'il donnait pour la sûreté
de la rente; mais si le taux stipulé était le denier
trente ou plus, il fallait y voir une donation.

Lorsque la rente était constituée au taux de
l'ordonnance, on ne pouvait imposer au constituant aucune nouvelle charge soit directe, soit indirecte. Ainsi, il n'aurait pas été possible de convenir que le créancier aurait eu la jouissance d'un
héritage du constituant en compensation des arrérages de la rente, ou que ce dernier payerait les
arrérages dans leur intégrité, sans rétention des
dixième, vingtième ou autres impositions dont
pourraient être frappées les rentes. Mais on admettait comme valable la clause qui mettait à la charge
du constituant le paiement des impositions des
dixième, vingtième ou autres, pourvu que réu-

nies aux arrérages, elles n'excédassent pas le taux
légal.

On ne pouvait pas valablement stipuler que, si
dans la suite une loi venait augmenter le taux des
arrérages, le débiteur devrait subir cette augmentation. Les arrérages, en effet, étant en quelque
sorte une chose vendue, devaient être irrévocablement fixés au temps du contrat.

Malgré les restrictions qui précèdent, la solidarité pouvait être stipulée entre les débiteurs de la
rente, et chacun d'eux n'était tenu que proportionnellement à la part qu'il avait reçue dans le capital : ce qu'il fallait considérer, ce n'était pas si le
débiteur payait les arrérages en raison de ce qu'il
recevait dans le prix, mais si le créancier recevait
les arrérages en raison du capital qu'il avait
versé.

Pothier examine quel était le sort des contrats
de constitution de rente qui avaient été faits à un
taux plus élevé que celui permis par la loi. Selon
lui, les uns étaient complétement nuls, les autres
donnaient lieu seulement à la réformation du contrat. Étaient déclarés nuls complétement ceux qui
renfermaient une contravention formelle et inex-
cusable à la loi, comme si le taux des rentes étant
le denier vingt, on constituait une rente au denier
dix-huit ou au denier quinze. Dans ce cas, le constituant devait rendre le capital de la rente, et s'il
avait déjà payé les arrérages, ils s'imputaient sur
le capital ; si même la somme payée à titre d'arré-

rages dépassait le principal, le débiteur avait le droit de réclamer au crédit rentier l'excédant depuis trente ans. Cependant, le créancier de la rente ne pouvait pas demander purement et simplement le paiement du principal, il devait donner au débiteur le choix ou de verser entre ses mains le capital sous la déduction des arrérages payés, ou de lui constituer au taux légal, pour ce qui restait dû de cette somme, une rente qui commencerait à courir du jour où le créancier avait offert ce choix au débiteur. Comme c'était le créancier qui avait commis l'injustice en se faisant, au mépris de la loi, constituer une rente à un taux trop élevé, c'était lui qui devait souffrir de ce contrat, et non le débiteur qui éprouverait un très-grand préjudice, si on le contraignait de rendre une somme qu'il n'a plus, et qu'il n'a reçue que pour ne la restituer qu'à son gré.

Selon Pothier, le contrat était encore complétement nul, quand, la rente étant constituée au taux légal, il avait été stipulé qu'en paiement des arrérages le créancier aurait la jouissance d'un héritage du débiteur, sans qu'il fût obligé de lui en rendre compte. Mais, pour qu'il y eût lieu à nullité, il fallait que le créancier n'ignorât pas que le produit de l'immeuble était de beaucoup supérieur à la redevance annuelle.

Au contraire, il n'y avait lieu qu'à la simple réformation du contrat, quand la loi n'avait pas été formellement violée, mais qu'on y avait indirectement contrevenu, par exemple en stipulant, dans une constitution de rente au denier vingt, qu'outre les arrérages le débiteur acquitterait les impositions qui seraient établies sur les rentes. La clause seule était alors regardée comme nulle.

Les vices de la constitution de rente ne pouvaient se couvrir par quelque laps de temps que ce fût, car c'était une maxime, que *l'usure ne se couvre jamais* ; mais si le débiteur était toujours à temps pour invoquer la nullité ou la réformamation du contrat, son action pour répéter ce qu'il avait payé en arrérages au delà du principal était sujette à la prescription de trente ans.

Jusqu'en 1565 on pouvait stipuler des arrérages en denrées tout aussi bien qu'en argent. A cette époque, une ordonnance de Charles IX convertit en rentes en argent et au denier douze les rentes payées jusqu'alors en denrées.

Le prix de la constitution de rente était une somme d'argent qui devait être effectivement payée. Ce n'était que par le versement des deniers dans les mains du constituant que le contrat était parfait ; c'était seulement à partir de cette époque que couraient les arrérages. Le contrat n'étant parfait que lorsque la propriété des deniers avait été transportée au constituant, l'acquéreur ne pouvait donner en paiement des espèces appartenant à un tiers, sans le consentement de ce dernier ; le contrat aurait été nul, mais il devenait valable, lorsque celui qui avait reçu les deniers les avait employés de bonne foi. Si l'acquéreur de la rente avait donné, en paiement du prix, des deniers appartenant au vendeur lui-même, le contrat ne pouvait jamais être valable, car le vendeur ne pouvait être censé avoir acquis ses deniers propres.

Au reste, dit Pothier, ces deux questions sont plus théoriques que pratiques, car il n'est guère possible en pratique de reconnaître à qui appartiennent les deniers. Il faudrait regarder, comme équivalent de la tradition de l'argent, la quittance que le créancier donnerait, lors du contrat, au constituant qui serait déjà son débiteur. Les arrérages courraient dès cette époque.

Les auteurs n'étaient pas d'accord sur le point de savoir si le capital de la rente devait nécessairement être fourni en argent, ou s'il pouvait l'être en choses mobilières, telles que des marchandises. Loyseau prétendait que « les rentes ne pouvaient être constituées que pour de l'argent comptant, et non pour autre marchandise et espèce quelconque. » Il craignait que la constitution de rente, faite en toute autre espèce qu'en argent, ne recélât une usure.

Pothier pensait que quand il n'y avait pas de fraude, et que les choses mobilières avaient été vendues à leur juste valeur, la rente devait être regardée comme valable, pourvu, en outre, que ces choses fussent à l'usage du constituant.

Quant aux arrérages, l'époque à laquelle ils commençaient à courir variait suivant que la rente

avait été faite par un marchand ou par un particulier. Dans le premier cas, les arrérages n'étaient
dus qu'à partir de l'époque que les marchands ont
coutume d'accorder pour le paiement des objets
qu'ils vendent; dans le second cas, les arrérages
couraient du jour du contrat.

On exigeait que la somme donnée pour prix de la
rente fût une somme principale. Les arrérages
dus par le constituant ne pouvaient lui être laissés
pour servir de base à une constitution de rente,
car les arrérages des rentes constituées étaient
considérés comme des intérêts, et l'anatocisme
était défendu. Mais les arrérages des rentes foncières, étant regardés comme une somme principale,
pouvaient être l'objet d'une constitution de rente.
Il en était de même à l'égard des sommes dues à
titre de fermage. On pouvait encore constituer une
rente en paiement d'arrérages ou d'intérêts, en
faveur d'une personne qui avait acquitté pour le
constituant la redevance annuelle, car pour cette
dernière le paiement effectué était une créance de
capital. On pouvait aussi constituer une rente en
paiement d'une dette ; alors le débiteur était censé
avoir payé le capital dû et l'avoir immédiatement
reçu comme prix de la constitution.

Le contrat de rente n'était valable qu'autant que
la somme aliénée au constituant ne pouvait jamais
être réclamée ; l'exigibilité eût détruit toute ap-
parence de vente, et eût donné au contrat le caractère d'un véritable prêt.

Si le capital était exigible pour partie, le contrat était nul pour cette partie.

Aujourd'hui le contrat de constitution de rente, n'étant qu'une variété du prêt à intérêt, a subi tous les changements qui ont été apportés au prêt à intérêt lui-même. La loi des 3-12 octobre 1789 ne fit que confirmer, pour le prêt, le taux qui avait été fixé pour les rentes dans l'édit de 1725. Cette loi avait été non pas abrogée, mais un moment oubliée, ou plutôt rendue inapplicable, à l'époque de la crise financière qui suivit la création des assignats. Elle reprit quelque autorité jusqu'à la législation de 1804. Mais, lorsque l'art. 1907 du Code Napoléon eut permis la libre stipulation d'intérêts, sous la seule condition de les constater par écrit, la loi de 1789 ne s'appliqua désormais qu'aux intérêts légaux, c'est-à-dire dus en dehors de toute stipulation.

Enfin la loi du 3 septembre 1807, aujourd'hui encore en vigueur, est venue de nouveau restreindre la liberté des conventions en matière d'intérêt : elle fixe un taux *maximum* qui est le même pour les intérêts légaux et pour les intérêts conventionnels ; elle ne mentionne pas le taux des rentes, mais elle s'y applique évidemment, puisque la rente est un prêt.

Ainsi toute stipulation d'arrérages supérieure au taux légal doit être réduite *ad legitimum modum*. Aux termes de l'art. 3 de la loi du 3 septembre 1807,

l'excédant payé indûment sera rendu au constituant avec les intérêts de plein droit du jour du
paiement (art. 1378). Si, au contraire, le créancier n'a encore rien reçu, il devra souffrir la réduction sur le capital de la rente. Ainsi disparais-
sent, sous la législation moderne, les distinctions
établies par Pothier, pour les cas où le contrat
est complétement nul, et ceux où la clause seule
est frappée de nullité. Si, comme le suppose Pothier, il a été stipulé que le créancier, au lieu
de recevoir chaque année des arrérages fixés au
taux légal, aurait la jouissance d'un immeuble
appartenant au débiteur, le contrat ne sera pas
nul, seulement le juge aura à apprécier, si le
produit annuel de l'héritage est supérieur à la
somme que doit toucher le créancier à titre d'arrérages.

Les dispositions de la loi de 1807 étant d'ordre
public, on ne pourrait mettre à la charge du constituant les impositions qui pourraient frapper la
rente.

Nous avons vu, dans l'ancien droit, la nécessité
de fixer invariablement le taux de la rente, lors
du contrat, et aussi la défense de le soumettre
aux variations qui pourraient survenir dans la
législation, car les arrérages étaient une chose
vendue qui ne pouvait dès lors être augmentée ou
diminuée. Aujourd'hui il nous semble difficile
d'admettre la même solution ; les arrérages ne
sont plus que l'intérêt de l'argent, il est dès lors

licite de leur faire suivre les variations que peut apporter la loi au taux de l'intérêt.

L'usure peut se prouver, comme toutes les fraudes, soit par la preuve testimoniale, soit par de simples présomptions.

Le débiteur sera toujours à temps de demander la nullité du contrat usuraire, parce que la prescription ne peut valider un délit. Quant à l'excédant des arrérages, il ne pourra, ainsi que dans l'ancienne législation, être réclamé que pendant trente ans, comme tout paiement indû. Du reste, l'usure ne saurait être couverte par des actes confirmatifs d'exécution. Mais serait valable la transaction dans laquelle les parties auraient ratifié des usures consommées, car on peut transiger sur l'intérêt civil d'un délit (art. 2046).

Aux termes de l'art. 1905, des intérêts peuvent être stipulés pour l'aliénation d'un capital consistant soit en une somme d'argent, soit en denrées ou en toutes autres choses fongibles. Les arrérages aussi peuvent consister en ces mêmes objets.

Puisque le contrat de rente est un prêt, il ne se forme que par la tradition des deniers ; la propriété doit en être transférée, et si le rentier livre des valeurs qui ne lui appartiennent pas, le contrat ne se validera que par la consommation de bonne foi qu'en fera l'emprunteur. Il en serait autrement, si les deniers appartenaient au constituant lui-même, car il aurait consommé sa chose, et de cette façon il n'aurait pu faire naître des droits en faveur d'autrui.

Une rente peut encore être constituée par novation d'une dette, le débiteur au lieu d'un capital devra des arrérages perpétuels ; de même on peut constituer une rente à un tiers, qui en versera le capital aux mains du créancier du constituant ; nul doute aussi qu'aujourd'hui, à la différence de l'ancien droit, un débiteur ne puisse con.... une rente pour se libérer d'arrérages échus puisque l'anatocisme est permis en cette matière, même sans qu'il s'agisse d'arrérages dus pour une année entière (art. 1155) ; il en serait de même, si c'était un tiers qui eût payé, car pour lui la créance est d'un capital.

La stipulation des arrérages doit être expresse et formelle : cette décision ressort de l'art. 1907, portant que le taux de l'intérêt doit être fixé par écrit. Lorsque le taux de l'argent était illimité, la nécessité d'un écrit était très-utile en ce qu'elle mettait un frein moral à l'usure ; elle l'est moins aujourd'hui, où l'intérêt ne peut être supérieur au taux légal ; si l'on convient qu'il y sera inférieur, les parties ne manqueront pas de le déterminer par écrit, et, s'il y a eu simple stipulation d'intérêts sans indication du taux, elles seront censées s'être référées à la loi. L'écriture n'est donc plus nécessaire que pour la stipulation même des intérêts, et non pour leur taux. Du reste, elle n'est pas de l'essence de la convention ; elle est exigée *ad probationem* et non *ad solemnitatem*, et la convention peut se prouver par l'aveu de la partie et le serment : la loi n'a voulu écarter que la preuve testimoniale.

Dans le cas où les arrérages n'auraient été stipulés que verbalement, ou même ne l'auraient pas été, le constituant qui les a payés ne peut ni les répéter ni les imputer sur le capital (art. 1906).

§ 2. — De la capacité des parties contractantes.

Dans l'ancien droit la rente constituée, étant une charge perpétuelle pesant sur les biens du constituant, renfermait une espèce d'aliénation. Aussi, pour qu'une rente pût être établie sur les biens d'un mineur ou d'un interdit, il fallait que le tuteur y fût autorisé par le décret du juge sur un avis des parents. Le mineur émancipé ne pouvait constituer une rente sur ses biens que par l'autorité du juge. Cependant, si le prix de la constitution faite en dehors des formes prescrites par la loi avait tourné en tout ou en partie au profit du mineur, celui-ci n'était pas recevable à se faire restituer dans la mesure correspondante au profit qu'il avait recueilli.

Le clergé, les états, les provinces ne pouvaient constituer des rentes qu'en vertu de lettres patentes. Quant aux villes, communautés, fabriques, hôpitaux, ils devaient aussi obtenir des lettres patentes ou simplement la permission du juge, suivant l'importance de la rente.

A l'égard de la capacité exigée chez le créancier, Pothier néglige d'en traiter, sans doute parce qu'elle est conforme au droit commun, comme on va le voir pour le droit moderne.

Sous l'empire du Code Napoléon, la capacité requise dans la personne du créancier doit être celle de disposer des capitaux à titre onéreux, comme par voie de prêt à intérêt ou d'achat. L'application de ce principe a déjà été faite aux tuteurs des mineurs et des interdits, aux émancipés, et aux femmes mariées séparées, en ce qui concerne le rachat des rentes foncières. La situation, il est vrai, n'est pas absolument la même, car, par le rachat, le débiteur se libère, ici au contraire il fait naître un droit à son profit. Mais les raisons de décider sont absolument les mêmes. Une constitution de rente présente, comme un rachat, l'aliénation d'un capital, et elle expose l'incapable aux mêmes dangers. On ne saurait donc laisser l'incapable juge de l'opportunité d'une constitution de rente.

Quant aux arrérages qui auraient été perçus, ils ne seront restitués qu'autant que le créancier prouvera qu'ils ont tourné au profit de l'incapable (art. 1312).

Le constituant devra en général jouir d'une capacité plus étendue que le crédit rentier. En effet, aujourd'hui il contracte un véritable emprunt, et comme tel est tenu sur tous ses biens présents et à venir. Le mineur émancipé ou non émancipé et l'interdit ne pourront constituer une rente qu'avec l'autorisation du conseil de famille et l'homologation du tribunal civil, le procureur impérial entendu (art. 457, 458, 483). Il suffira au prodigue d'être assisté de son conseil judiciaire. La femme, même séparée, ne pourra constituer une rente sans l'autorisation de son mari (art. 1449). Sous le régime de la communauté, le mari, ayant la faculté de faire à l'égard des biens de la communauté les actes les plus graves, tels que de les aliéner et de les hypothéquer, pourra sans aucun doute constituer une rente à la charge de la communauté, comme il pourrait faire un emprunt à intérêt, sans qu'il soit dû aucune récompense.

Pour les établissements publics, les mêmes autorisations administratives, qui seraient nécessaires pour l'emprunt, le seront pour la rente constituée. Les limites de notre travail ne nous permettent d'entrer dans aucun détail à cet égard.

§ 3. — Des clauses du contrat de constitution de rente.

Les parties pouvaient insérer dans le contrat de rente toutes les clauses que bon leur semblait, pourvu qu'elles ne fussent pas contraires à sa nature. Les unes étaient relatives au capital, les autres aux arrérages.

I. Les clauses qui concernaient le capital étaient les suivantes :

1° *Clause de passer acte devant notaire.* — Une des

clauses le plus fréquemment stipulées dans les constitutions de rente par acte sous seing privé était
celle, par laquelle le débiteur s'obligeait à passer
acte devant notaire, à la réquisition du créancier. Cette clause tendait à assurer à ce dernier,
sur les biens du débiteur, l'hypothèque générale
qui résultait de tout acte notarié. Les frais étaient à
la charge du débiteur. En cas de refus de ce dernier, le créancier pouvait obtenir sentence contre
lui , et ainsi le faire condamner à la prestation de
la rente. Au reste, cette clause n'existait pas de
plein droit, elle devait être stipulée. Selon Pothier,
le créancier pouvait, même quand il n'avait été fait
aucune stipulation à cet égard, obtenir une hypothèque sur les biens du débiteur, en faisant prononcer par une sentence du juge la reconnaissance du billet ; il avait dans ce cas une hypothèque
judiciaire.

2° *Clause d'assignat.* — Le débiteur assignait la
rente à prendre sur un héritage dont il se dessaisissait, jusqu'à due concurrence, au profit de celui
à qui la rente était constituée, déclarant ne posséder l'héritage, jusqu'à cette concurrence, qu'à
titre précaire. Pothier ne s'explique pas sur l'effet
de cette clause ; il rapporte seulement l'opinion
de Loyseau, suivant lequel la clause avait pour
résultat de donner au créancier une hypothèque
spéciale sur l'immeuble, et ne changeait en rien
la nature personnelle de la rente.

3° *Clause de faire emploi.* — Par cette clause, le

débiteur promettait d'employer la somme reçue, pour prix de la constitution, à un certain usage déterminé entre les parties. Bien que le constituant n'eût pas encore fait l'emploi, du moment que les deniers avaient été versés entre ses mains, le contrat était parfait, car cette clause n'était qu'une condition résolutoire, ayant pour seul effet de donner au créancier le droit de répéter la somme non dûment employée. Le constituant, étant propriétaire des deniers, devait en supporter la perte, même fortuite.

Au lieu de la clause d'emploi, on pouvait valablement stipuler une hypothèque, mais, selon Dumoulin et Pothier, il n'était pas possible de convenir qu'au cas où l'hypothèque garantissant la créance viendrait à disparaître par cas fortuit, le débiteur serait tenu de fournir au créancier une autre sûreté ou de rembourser la rente.

Enfin, on pouvait stipuler que le débiteur donnerait caution dans un certain temps ; le créancier, en effet, n'ayant donné ses deniers qu'à la condition de voir son droit garanti, le constituant ne pouvait en disposer avant d'avoir accompli cette condition. Mais il n'était pas possible de convenir que, si la rente n'était pas rachetée au bout d'un certain temps, le débiteur serait tenu de donner caution, car c'eût été obliger indirectement le débiteur au rachat.

4° *Clause par laquelle le débiteur déclarait franc d'hypothèque l'héritage donné comme garantie au*

crédit rentier. — On regardait comme stellionataire le constituant, qui déclarait franc d'hypothèques un immeuble qui en était en réalité grevé,
et qu'il donnait à titre de garantie au créancier.
Ce dernier alors pouvait faire condamner, même
par corps, le débiteur à rapporter la décharge de
l'hypothèque, sinon à racheter la rente. Cependant n'était pas regardé comme stellionataire le
débiteur marié ou tuteur, lorsqu'il ne déclarait
pas les hypothèques grevant ses biens, car le
créancier était censé n'avoir pu ignorer ces charges.

5° *Clause concernant le dégrèvement de l'immeuble hypothéqué.* — Lorsqu'à l'occasion d'un contrat
de constitution de rente au taux de l'ordonnance, le
constituant avait donné une hypothèque, ce dernier ne pouvait s'engager à payer une certaine
somme au créancier, afin d'obtenir de lui la libération de l'immeuble, car de cette façon la rente
aurait été constituée au-dessus du taux légal ; mais
il pouvait être convenu que la somme payée pour
dégrever l'héritage serait imputable sur le capital.

II. Les principales clauses, concernant les arrérages, étaient les suivantes :

1° On pouvait stipuler, dans une constitution de
rente, que le créancier se ferait payer les arrérages
sur les fermages ou les loyers de l'héritage, auquel
elle était assignée ; c'était une délégation que le
débiteur faisait à son créancier ; mais jusqu'à ce
que ce dernier fût payé, le constituant demeurait
toujours débiteur des arrérages.

2° C'était encore une clause assez ordinaire et admise par simple tolérance, que la rente serait payée par demi-termes échus de six en six mois ; mais il était impossible de convenir que la rente se paierait chaque année d'avance ; dans ce dernier cas le bénéfice du rentier eût trop gravement excédé le taux de l'ordonnnance.

Les clauses qui pouvaient autrefois être insérées dans le contrat de constitution de rente, peuvent encore l'être aujourd'hui.

Nous avons cependant quelques observations à présenter. On peut toujours convenir de passer acte devant notaire, mais il ne pourra plus être question de l'hypothèque forcée qui résultait autrefois de tout acte notarié. Au contraire, l'acte judiciaire, constatant une reconnaissance d'écriture sous seing privé, continue à emporter hypothèque judiciaire aux termes des art. 2117 et 2123 ; mais pour prévenir une surprise au débiteur qui n'aurait pas constitué d'hypothèque conventionnelle, une loi du 3 septembre 1807, d'une application plus générale, a décidé que l'inscription de cette hypothèque judiciaire ne pourrait être prise par le créancier qu'après l'échéance de la dette. Or, comme en matière de rentes le capital en principe n'a pas d'échéance, il faudra que le créancier attende, pour prendre inscription, que le remboursement soit devenu exigible par l'effet de la résolution du contrat, organisée par les articles 1912 et 1913. Dans tous les cas, le créancier pourrait prendre inscription des arrérages échus et non payés.

La clause d'assignat n'est plus en usage aujourd'hui. Le créancier recevra plutôt une hypothèque ou un droit d'antichrèse, avec lequel la clause d'assignat nous paraît avoir eu une grande analogie.

Aujourd'hui que l'on n'a plus à craindre qu'une rente dégénère en prêt à intérêt, on ne saurait prohiber, comme dans l'ancien droit, les clauses qui directement ou indirectement rendent le capital exigible. Ainsi le créancier pourra valablement stipuler une nouvelle garantie, soit en cas de perte de celle que lui donne le débiteur, soit dans le cas où le rachat n'aurait pas lieu dans un certain temps.

Au contraire, la loi moderne est plus sévère que l'ancienne et regarde comme stellionataires les maris ou tuteurs, qui hypothèquent leur bien sans déclarer les hypothèques légales de leur femme ou de leur pupille (art. 2136).

On peut enfin, comme dans l'ancien droit, insérer la clause de délégation, et convenir que les arrérages seront payables par demi-terme. Nous pensons même que la convention de payer les termes à l'avance doit être défendue comme dans l'ancienne législation, car elle constituerait un anatocisme en dehors des cas où le permet l'art. 1155, puisque cet article ne parle que d'arrérages échus.

14

SECTION III.

DES MODES D'EXTINCTION DE LA RENTE CONSTITUÉE.

Les modes d'extinction de la rente constituée
sont les mêmes au temps de Pothier et sous le
Code Napoléon. Nous négligerons ceux qui sont
communs à toutes les créances et ne présentent
rien de particulier en matière de rente, tels que la
novation, la remise de la dette, la confusion, l'action en nullité ou en rescision ; nous ne dirons
rien non plus de la perte de la chose, qui ne peut
se concevoir en cette matière. Il restera donc le
rachat ou remboursement volontaire par le débiteur, qui est la cause d'extinction principale de
la rente constituée, la résolution qui n'est autre
chose qu'un rachat forcé exigé par le créancier ;
quant à la compensation et à la prescription, ce
sont deux modes de droit commun, mais ils offrent
ici quelques particularités qui seront indiquées.

§ 1. — Du Rachat.

Les lois tant ecclésiastiques que civiles, qui ont
autorisé le contrat de constitution de rente, ont
décidé que le débiteur et ses successeurs auraient
toujours la faculté de se libérer de la rente, en ren-
dant au créancier la somme qu'il avait versée aux
mains du constituant, et comme le contrat avait
été considéré comme une vente, le remboursement
du prix s'appela Rachat. On reconnaissait que cette

faculté était essentielle, et que la clause qui la refusait au constituant viciait le contrat, tant que le créancier n'y avait pas renoncé, qu'ainsi les arrérages payés jusqu'à cette époque devaient s'imputer sur le capital.

Étaient frappées de la même nullité toutes les clauses tendant à restreindre la faculté de rachat, par exemple celle par laquelle le constituant s'engagerait à n'effectuer le rachat qu'autant qu'il indiquerait au créancier un bon emploi des deniers, ou qu'après avoir averti le crédit rentier six mois auparavant.

Était également nulle la clause qui assujettissait le constituant, au cas de rachat, à rembourser plus qu'il n'avait reçu.

Était valable, au contraire, toute clause qui tendait à faciliter le rachat. Ainsi on pouvait stipuler que la somme à rembourser serait moindre que celle donnée comme prix de la constitution.

Était aussi valable la clause qui permettait au constituant d'opérer le rachat en un certain nombre de paiements égaux ou inégaux, et même celle portant que, malgré le paiement partiel, la rente n'en continuerait pas moins d'être payée en totalité; mais pour qu'il en fût ainsi, il fallait que la somme totale à payer ne dépassât pas le produit annuel, au taux légal, de la portion de la rente qui restait encore due.

Suivant Dumoulin, le constituant pouvait, au moyen d'une clause, s'engager à effectuer le rachat avec la même espèce de monnaie que celle versée par le créancier au moment du contrat, lors même qu'elle n'aurait plus cours légal, pourvu toutefois qu'il ne fût pas trop difficile au débiteur de se procurer ces espèces, et que, d'un autre côté, le créancier eût intérêt à ce que le rachat fût ainsi effectué. Pothier pensait au contraire qu'une semblable clause était nulle, car elle tendait à gêner le remboursement, et était contraire à l'ordre public.

Une autre clause très-fréquente autrefois était celle par laquelle le constituant, qui avait reçu des espèces d'or ou d'argent, s'obligeait à ne racheter qu'en pareilles espèces et non en papier. Pothier approuvait cette clause, pourvu toutefois qu'une loi n'eût pas expressément donné cours au papier, malgré la convention des parties. Mais il n'eût pas été nécessaire que la loi contînt une pareille disposition, si le prix de la constitution avait été payé en papier ayant cours au moment du contrat : on ne pouvait alors valablement stipuler que le rachat devrait se faire en espèces monnayées.

Le rachat pouvait être exercé par tous ceux qui étaient tenus de l'obligation résultant de la rente, et de quelque façon qu'ils en fussent tenus, soit personnellement comme débiteurs principaux ou accessoires, soit hypothécairement.

Pour être valable, le rachat de la rente devait être fait au créancier ayant la libre disposition de ses capitaux, ou à son fondé de pouvoir. Si c'était un mineur ou un interdit, le rachat devait être fait à son tuteur ou à son curateur. Si c'était une femme mariée, il ne pouvait être effectué entre ses mains que si elle était autorisée à cet effet. Quand elle était séparée de biens, elle n'en devait pas moins obtenir l'autorisation de son mari, ou celle du juge. On admettait généralement que le mari pouvait, sans l'intervention ni le consentement de la femme, recevoir le rachat d'une rente propre à cette dernière, car cet acte était considéré comme d'administration.

A moins de convention contraire, le rachat devait se faire pour le total, qu'il fût opéré par le débiteur lui-même, ou, en cas de décès, par l'un de ses héritiers. On n'admettait pas en cette matière qu'à la mort du débiteur l'obligation de payer la rente fût divisée, au moins quant au rachat, entre les différents héritiers du *de cujus*. Le principal de la rente n'était pas proprement dû, il n'était pas considéré comme étant *in obligatione*, mais seulement *in facultate luitionis et redemptionis*. On donnait pour raison que la division, qui s'opérait contre les héritiers du débiteur, n'avait pas pour résultat de créer plusieurs rentes, et ne pouvait en rien changer la nature du droit.

La solution n'était plus la même, au cas où le créancier mourait laissant plusieurs héritiers ; l'un d'eux ne pouvait refuser le rachat de sa part de la rente ; il n'avait en effet aucun intérêt à ce qu'elle fût rachetée pour le tout. Mais si l'un des héritiers était devenu acquéreur des parts des autres, soit par succession, soit autrement, le débiteur n'était admis au rachat qu'autant qu'il l'effectuait pour le tout.

Si, dans un même contrat, plusieurs personnes constituaient une rente, chacune pouvait racheter séparément la sienne. Le rachat partiel n'éteignait la rente que pour partie. Ainsi, lorsque la rente était due par plusieurs débiteurs solidaires, et que le créancier avait accepté le rachat pour partie, la rente n'en continuait pas moins de subsister solidairement pour le reste.

Le débiteur de la rente, pour être reçu au rachat, devait payer le capital et tous les arrérages dus jusqu'à cette époque ; et quand bien même la rente aurait été stipulée rachetable en plusieurs paiements, les arrérages n'en devaient pas moins être préalablement acquittés pour le tout, jusqu'au jour du rachat partiel. Si toutefois c'était l'un des débiteurs qui rachetait sa part d'une rente stipulée rachetable par parties, il ne devait les arrérages que de la portion de la rente, dont il opérait le remboursement. Car n'étant débiteur que d'une quote-part de la rente, il avait rempli toutes ses obligations. Mais il en était autrement au cas où la rente devait être rachetée en un seul paiement. Alors celui qui opérait le rachat total ne pouvait, pas plus que le débiteur originaire, se dispenser de payer la totalité des arrérages, car ils devaient toujours être acquittés avant le principal et le créancier aurait été censé les avoir reçus en entier.

Le rachat de la rente constituée pouvait se faire de plusieurs manières : par le remboursement volontairement accepté, par la consignation après les offres refusées.

Au surplus, les deniers donnés en remboursement devaient appartenir au débiteur ; dans le cas contraire, il y avait lieu à faire quelques distinctions déjà examinées pour la constitution de rente avec des deniers d'autrui. Nous y renvoyons.

Bien que le rachat fût une faculté pour le débiteur, il s'effectuait, selon Pothier et Dumoulin, au domicile du débiteur, s'il n'y avait convention contraire.

Dans l'art. 1911 le Code Napoléon a reproduit le principe posé par l'ancien droit en matière de rachat, et comme déjà il l'avait édicté pour la rente foncière (art. 530), il a déclaré toute rente constituée essentiellement rachetable.

Nous ne pouvons reprendre ici les détails que nous avons donnés sur le rachat de la rente foncière. Il nous suffit d'y renvoyer.

Notons cependant quelques particularités de la rente constituée.

Tout en permettant au débiteur de se libérer, la loi n'a cependant pas voulu mettre, comme l'ancienne législation, le créancier à la discrétion complète du constituant. En effet, le débiteur peut soit s'interdire le rachat pendant un certain laps de temps que les parties ont la faculté de déterminer, mais qui ne peut dépasser dix ans, soit s'engager à ne rembourser la rente qu'après avoir averti le créancier un certain temps à l'avance. Ce sont les deux seules exceptions qu'il soit permis d'apporter au principe de la faculté absolue de rachat. Et ce ne sera pas apporter une troisième exception que d'accorder aux parties la faculté de renouveler le délai de la prohibition, pourvu toutefois qu'il ne dépasse pas dix ans à partir de la nouvelle convention. Le législateur n'a pas eu pour but de restreindre à dix années la convention prohibitive du rachat, mais il a voulu seulement que le débiteur ne pût indéfiniment se lier les mains.

§ 2. — De la résolution.

Pothier ne consacre pas une division spéciale à ce mode d'extinction de la rente, il ne s'en occupe qu'accidentellement dans les n°ˢ 48 et 49. Ainsi le débiteur pouvait être obligé au remboursement, lorsqu'il manquait d'accomplir une des conditions du contrat, par exemple, quand il n'avait pas fait des deniers l'emploi qu'il avait promis, ou qu'il déclarait franc d'hypothèque un immeuble donné pour garantie au créancier, et qui en réalité était déjà hypothéqué. Le premier de ces cas n'était que l'application du droit commun ; dans le second cas, comme il avait présenté plus de sûretés qu'en réalité il n'en donnait, il était assimilé à un débiteur qui avait, par sa faute, diminué les garanties de son créancier, et comme tel, contraint au rem-

boursement immédiat. Mais on ne pouvait valablement convenir qu'en cas de perte, par cas fortuit,
des hypothèques garantissant la rente, le débiteur
serait contraint de rembourser.

Il y avait aussi lieu au remboursement forcé,
lorsqu'un des héritages hypothéqués à une rente
était vendu par décret; le créancier qui avait fait
opposition au décret pouvait se faire payer, sur le
prix de vente de l'héritage, le capital et les arrérages.

Pothier, dans son n° 192, indique encore un
autre cas où il y a lieu à la résolution du contrat
de rente ; c'est lorsque le débiteur est tombé en
faillite ou en déconfiture.

Mais si Pothier ne s'occupe point du cas où le
débiteur manquerait seulement à payer les arrérages pendant un certain temps, c'est qu'à l'époque
où écrivait cet auteur, ce mode de résolution n'existait pas légalement. Le droit canonique ne l'admettait pas, et une ordonnance de Louis XIII avait consacré cette prohibition. Cependant certaines parties
de la France avaient résisté ; dans d'autres, on admettait que l'accumulation des arrérages pendant
cinq ans autorisait le créancier à demander la
résolution, sauf au débiteur à purger la demeure
en payant l'arriéré et les dépens. Du reste, on avait
partout coutume d'insérer dans les contrats de
constitution la clause que, faute par le débiteur de
servir la rente pendant deux ou trois années, le
créancier pourrait demander le remboursement.

Les art. 1912 et 1913 du Code Napoléon contiennent trois cas de résolution du contrat de rente,
analogues à ceux admis par Pothier : 1° si le constituant a cessé pendant deux ans de remplir ses
obligations ; 2° s'il ne fournit pas ou détruit les sûretés ; 3° s'il tombe en faillite ou en déconfiture.

Des auteurs ont prétendu voir dans ces divers
cas, principalement dans le premier, la condition
résolutoire tacite attachée à tout contrat synallagmatique. Mais une telle solution ne saurait être admise, au moins dans ses termes, car la rente, étant
un prêt et partant un contrat unilatéral, ne peut
tomber sous l'application de l'art. 1184. Cependant
nous pensons qu'il faut voir ici une résolution établie par la loi avec le caractère d'une déchéance.
Faut-il admettre que le juge pourra accorder un
délai au débiteur ? Pour ceux qui voient dans l'art.
1912 l'application de l'art. 1184, l'affirmative n'est
pas douteuse ; mais pour nous l'idée de déchéance
ne permet pas ce tempérament.

Dans les cas de refus des sûretés ou de faillite, la
résolution a un caractère encore plus prononcé. En
effet, tandis que, dans ces deux hypothèses, le droit
commun ne prononce que la déchéance du terme
(art. 1188 C. Nap. et 444 C. Com.), ici c'est une
véritable destruction du contrat, un droit nouveau
donné au créancier, droit contraire à la nature de
la rente, dont le capital est en principe inexigible.
Il n'y a plus aucun doute sur l'impossibilité pour le

juge d'accorder des délais au débiteur. L'art. 124 du Code de procédure est formel.

Reprenons succinctement les trois cas de résolution.

I. *Défaut de paiement des arrérages pendant deux ans.* — Aujourd'hui tout constituant, qui aura négligé pendant deux ans de servir la rente, pourra se voir obligé au rachat. Mais sera-t-il tenu de cette obligation par la seule expiration des deux ans, ou bien une sommation sera-t-elle nécessaire pour le mettre en demeure? La jurisprudence et un grand nombre d'auteurs distinguent, si la rente est portable ou quérable. Dans le premier cas, on décide, en se fondant sur la maxime *Dies interpellat pro homine,* que le débiteur est en demeure de rembourser la rente par la seule arrivée du terme; mais si la clause était écrite dans le contrat, les art. 1139 et 1183 seraient alors applicables. Pour justifier cette solution, Zachariæ prétend qu'il s'agit moins de prononcer une résolution que de relever le créancier de la renonciation conditionnelle par lui faite à la faculté d'exiger son remboursement. Si, au contraire, la rente est quérable, le créancier, ne pouvant exiger le remboursement qu'autant qu'il prouve, par des moyens légaux, qu'il s'est présenté au domicile du débiteur pour recevoir le paiement, aura dû nécessairement faire une sommation.

D'autres, dont l'avis est selon nous préférable, soutiennent qu'il faut toujours une sommation (art. 1139), à moins toutefois qu'il ne soit convenu entre les parties que le débiteur sera en demeure par la seule échéance du terme. Ce système paraît plus équitable ; la loi, quand les intérêts du créancier et ceux du débiteur sont en présence, se montre toujours plus favorable à ce dernier ; c'est donc agir selon son vœu que de réveiller le débiteur, qui peut avoir oublié l'époque où les deux années sont écoulées, ou même qui, sachant que le crédit rentier peut lui demander le paiement, suppose qu'il ne veut pas user de rigueur envers lui.

Pour que le crédit rentier puisse user du droit qui lui est accordé, il faut qu'il se soit écoulé deux années consécutives sans qu'il ait touché les arrérages de la rente. Au reste, le point de départ de ces deux années sera non pas l'époque d'exigibilité des arrérages, mais celle où ils sont dus : et ils le sont dès le lendemain du contrat ou du terme, car ils s'acquièrent jour par jour. L'exigibilité et l'obligation de payer sont deux choses bien différentes.

II. *Refus ou destruction par le débiteur des sûretés convenues.* — Si le débiteur s'est engagé à fournir des garanties, comme une hypothèque, une caution, et qu'il ait négligé d'exécuter sa promesse, la loi donne au créancier le droit de demander la résolution du contrat. Il en est de même au cas où les sûretés accordées ont été diminuées ou ont cessé d'exister par la faute du débiteur.

Faut-il considérer comme constituant une diminution des sûretés la vente de l'immeuble affecté à la garantie hypothécaire du service de la rente ?

Une distinction nous paraît nécessaire. Lorsque le débiteur n'a aliéné l'immeuble qu'à la charge par l'acquéreur de servir la rente, on ne saurait jamais y voir une diminution des sûretés. Il en sera de même, si le fonds a été vendu en entier à la même personne ou même à plusieurs et partiellement, pourvu toutefois que le prix de la totalité ou de chaque partie soit égal ou supérieur à la somme nécessaire pour produire les arrérages annuels. Mais il en serait autrement, si par suite de la faiblesse du prix de vente de l'immeuble entier ou de chaque partie séparée, les arrérages ne pouvaient plus être payés dans leur intégrité, car alors le créancier, au cas où l'acquéreur voudrait purger, serait contraint ou de faire une surenchère, ou de recevoir une somme insuffisante pour lui procurer le service intégral de la rente. Ce ne serait toutefois que lors de la purge qu'il faudrait voir une diminution des sûretés.

Dans le cas où le débiteur a refusé ou détruit les sûretés convenues, il n'est pas admis à arrêter les effets de la résolution en rétablissant ces garanties. Il en serait autrement, si les sûretés avaient disparu par cas fortuit; dans ce cas, le débiteur serait admis à en fournir de nouvelles, aux termes de l'art. 2131, et pourrait obtenir un délai de grâce.

III. *Faillite ou déconfiture du débiteur.* — Ce dernier cas de résolution se trouve expliqué par ce qui précède.

§ 3. — De la compensation.

Dans l'ancien droit, la compensation était un mode d'extinction de la rente constituée; mais elle ne se faisait pas *ipso jure*, elle n'éteignait la rente que du jour où le débiteur avait déclaré au créancier qu'il entendait la racheter, car le capital était plutôt *in facultate luitionis et solutionis* que *in obligatione*. Mais si le créancier était en droit d'exiger le remboursement dans les cas d'inexécution des conditions, de destruction ou non-prestation des sûretés, ou de faillite, alors il n'y avait aucun obstacle à la compensation ; en dehors de ces cas, elle s'opérait seulement pour les arrérages.

Les mêmes solutions s'appliquent aujourd'hui; elles ont déjà été données pour la rente foncière moderne ; nous y renvoyons.

§ 4. — De la prescription.

Sous la législation ancienne, les rentes constituées pouvaient s'éteindre par prescription comme toutes les autres dettes. Quant aux arrérages, ils se prescrivaient par cinq ans. Cette prescription avait été établie par une ordonnance de Louis XII, en 1510. Du reste, elle n'était pas fondée sur une présomption de paiement, mais plutôt sur une protection accordée au débiteur, qui aurait souffert de la négligence du créancier, s'il lui avait fallu payer un grand nombre d'années arriérées.

La prescription de cinq ans courait contre les
créanciers quels qu'ils fussent, même contre les
mineurs, sauf leur recours contre leur tuteur. Mais
si l'incapable ne pouvait avoir de recours, la prescription, selon Pothier, ne pouvait pas lui être opposée, car l'incapable n'était pas en faute ; le débiteur *certat de lucro captando*, et le créancier *certat
de damno vitando*. Au reste, la prescription de cinq
ans, comme toutes les autres, s'interrompait par
une demande judiciaire, ou par certains actes extrajudiciaires comme une saisie.

L'aveu ou la reconnaissance du débiteur que
les arrérages n'étaient pas payés ne pouvait le priver de la prescription, à moins qu'il n'y ajoutât
l'engagement de payer l'arriéré. Cette dernière interruption ne pouvait procéder que d'un débiteur
majeur ; les autres pouvaient être faites même
contre un mineur.

Aujourd'hui la prescription peut, comme dans
l'ancien droit, porter sur le capital ou sur les arrérages. Quant au capital, elle fera présumer que
le remboursement volontaire a été fait par le débiteur. Pour les arrérages, il y aura moins présomption de paiement que punition de la négligence du
créancier.

Il faut admettre, pour le droit moderne en cette
matière, les solutions de l'ancien droit et les développements, qui ont été donnés sur la même prescription en matière de rente foncière.

APPENDICE

DES RENTES CONSTITUÉES PAR DONATION OU TESTAMENT.

On pouvait, dans l'ancien droit, constituer gratuitement des rentes par donation ou testament ; on leur donnait le nom de *Rentes de Dons et Legs*. On ne pouvait y voir une vente, c'était un don d'une créance d'arrérages. Ces rentes étaient régies par des règles différentes de celles des rentes ordinaires. Ainsi elles n'étaient pas essentiellement rachetables ; le disposant pouvait défendre le rachat pendant un temps plus ou moins long ; en sens inverse, il pouvait astreindre son héritier à racheter la rente dans un certain temps, et pour tel prix qu'il ordonnerait ; dans un pareil cas en effet, il n'y avait pas à redouter l'usure, la limite du taux pouvait donc sans inconvénient ne pas être fixée par la loi.

Aujourd'hui on peut également constituer une rente à titre gratuit. Elle sera essentiellement rachetable, mais le testateur pourra défendre le rachat pendant dix ans, comme on pourrait le faire, au moyen d'une convention, dans la rente constituée à titre onéreux.

Mais le non-paiement des arrérages pendant deux ans emportera-t-il l'obligation de rembourser le capital ? Une distinction nous paraît nécessaire entre le cas où le défaut de paiement provient du disposant lui-même ou de ses héritiers.

Quand la constitution a eu lieu à titre onéreux, il est évident que le créancier n'a donné son argent que sous la condition que la rente lui sera servie; si son attente est trompée, il est tout naturel qu'il recouvre, par voie de résolution, la somme qu'il a aliénée. Mais quand la constitution a lieu à titre gratuit, il n'est pas possible de faire résoudre une donation pour manquement du donateur à ses engagements; la résolution serait l'anéantissement même de la donation; exiger du donateur ce capital de la rente dont il manque à servir les arrérages, ce serait aggraver sa position, et non remettre les choses en l'état primitif. L'art. 953 donne au donateur la faculté de demander la révocation de la donation pour inexécution des conditions de la part du donataire; mais il y a nulle analogie entre les deux situations.

Cette solution devrait cependant être modifiée au cas où d'autres créanciers saisiraient les biens du donateur; alors comme après la vente, le paiement des arrérages serait à jamais impossible, et il ne serait d'aucune utilité au donateur d'arrêter la réclamation du donataire; celui-ci devra être compris dans la distribution des deniers, pour un capital suffisant pour produire ses arrérages annuels. La même solution s'applique, pour les mêmes motifs et avec le même tempérament, au cas de refus ou destruction des sûretés promises, et au cas de faillite ou de déconfiture.

Si au contraire nous supposons la mort du donateur, ou si, au lieu d'une donation, on se place dans l'hypothèse d'un legs, de façon que le service de la rente soit à l'avenir à la charge des héritiers, il faudrait admettre que le défaut de paiement, ou toute autre cause de résolution que contiennent les art. 1912 et 1913, entraînera l'exigibilité du capital ; les héritiers en effet n'ont droit à aucune faveur.

CHAPITRE III.

DES RENTES VIAGÈRES.

Ce chapitre sera divisé en deux sections. L'origine et les conditions de validité du contrat de rente viagère feront l'objet de la première section ; la seconde sera consacrée à l'examen de ses modes d'extinction.

SECTION PREMIÈRE.

DE L'ORIGINE ET DES CONDITIONS DE VALIDITÉ DU CONTRAT DE RENTE VIAGÈRE.

§ 1. — De l'origine de la rente viagère.

La rente viagère tire son origine des Précaires. On donnait un fonds de terre ou un capital à une église ou à un monastère ; ceux-ci s'engageaient à laisser l'aliénateur jouir du fonds et, en outre, à lui servir une rente double du produit de la chose par lui aliénée, afin de compenser la perte à laquelle se soumettait le possesseur précaire, pour l'époque de son décès.

Ce contrat, de même que la rente constituée, fut attaqué comme usuraire par plusieurs théologiens; mais bientôt les scrupules disparurent, et le contrat de rente viagère devint d'autant plus fréquent que le prêt à intérêt était plus sévèrement défendu. Toutefois Pothier nous apprend que, pour détourner les particuliers de dépouiller leur famille en faveur des communautés riches et des gens d'Église, il fut, par un édit de 1661, défendu aux personnes de main-morte de recevoir des biens à charge de rente viagère, à moins qu'elle n'excédât pas le taux légal.

§ 2. — Des conditions de validité du contrat de rente viagère.

1. *De la nature de la rente viagère.* — Dans l'ancien droit, on considérait comme rente viagère celle dont la durée était bornée au temps de la vie d'une ou de plusieurs personnes.

Elle se constituait de différentes manières : par donation entre-vifs, par testament, par contrats intéressés, par exemple au moyen de la vente d'un héritage ; elle se constituait aussi à prix d'argent.

Pothier s'occupe principalement du contrat de rente viagère établi de cette dernière façon. Il le définit : « un contrat par lequel l'un des contractants vend à l'autre une rente annuelle, et dont la durée est bornée à la vie d'une ou de plusieurs personnes, de laquelle rente il se constitue envers lui le débiteur, pour une certaine somme qu'il reçoit, pour le prix de la constitution. »

Suivant Pothier, on considérait la rente viagère comme n'ayant pas de capital, le créancier ne devait jamais rentrer dans le capital aliéné; ce n'était autre chose qu'une créance d'arrérages, qui était tout le capital, l'être entier de la rente : elle s'acquittait et s'éteignait par partie, à mesure que le créancier recevait les arrérages. De cette idée de la rente, plusieurs avaient conclu qu'il fallait la regarder comme un meuble. Cependant on tenait dans la pratique que la rente viagère était un immeuble comme la rente constituée, qu'elle avait un capital, être moral distinct des arrérages, produisant des fruits comme la rente constituée, avec cette seule différence que la rente constituée, étant perpétuelle, produisait des fruits à perpétuité, tandis que la rente viagère, n'étant qu'un droit temporaire, n'en produisait que temporairement. En vertu de ce principe, on décidait, au rapport de Pothier, que les arrérages d'une rente viagère appartenant à l'un des époux tombaient dans la communauté, comme fruits civils de la rente, « et qu'ils n'étaient pas compris dans la réserve, que le conjoint qui a apporté une certaine somme à la communauté, se fait du surplus de son mobilier, comme ils y auraient dû être compris, s'ils avaient été considérés non comme de simples fruits, mais comme l'objet principal de la créance de la rente. » On admettait encore que le débiteur d'une rente constituée ne pou-

vait pas établir en faveur de son créancier une
rente viagère, en paiement des arrérages annuels,
et cela, parce qu'on aurait fait produire à ces arrérages, qui étaient *ad instar usurarum*, d'autres arrérages, qui auraient eu le même caractère, ce qui
constituait un anatocisme défendu par les lois.

Quand la rente excédait le produit légitime des
intérêts de l'argent, elle était, de même que le contrat de rente perpétuelle, une espèce de contrat de
vente. Ce contrat était intéressé de part et d'autre :
chacune des parties entendait y recevoir l'équivalent de ce qu'elle donnait, soit en quelque chose
de certain, soit en risques ou en espérances. La
rente viagère était mise au nombre des contrats
aléatoires. Si la rente n'excédait pas l'intérêt légal,
le créancier était censé faire une donation au constituant, sous la réserve de la jouissance de l'argent,
pendant le temps que durerait la rente. Cette donation, consistant en une somme de deniers, était
parfaite par la tradition réelle de l'argent.

Il était de l'essence du contrat de rente viagère qu'il
y eût une personne sur la tête de laquelle reposât la
rente ; si donc on constituait de bonne foi une
rente sur la tête d'une personne qui n'existait plus,
ou qui était atteinte d'une maladie dont elle était
morte peu après, le contrat était nul. Dans le premier cas, faute d'objet ; dans le second, par erreur
sur la qualité substantielle de la chose que les parties avaient eue en vue. La rente viagère se constituait sur la tête d'une ou de plusieurs personnes,

quelles qu'elles fussent, sans tenir compte de leur capacité. Le plus généralement, elle était constituée sur la tête du créancier, mais rien ne s'opposait à ce qu'elle le fût sur la tête du constituant ; au reste, la personne sur la tête de laquelle reposait la rente n'y avait par cela seul aucun droit.

Le contrat de constitution de rente viagère, qu'il renfermât une vente ou une donation, était, comme le contrat de constitution de rente perpétuelle, réel et unilatéral.

La rente viagère était, comme la rente perpétuelle, régie par la loi du créancier.

Les deux contrats différaient aussi sur plusieurs points.

La rente viagère n'était pas rachetable par le débiteur ; il avait accepté les risques de servir les arrérages, pendant un temps qui pouvait, il est vrai, excéder toutes ses prévisions, mais qui, en sens contraire, pouvait être beaucoup plus court.

La rente viagère était, moins encore que la rente perpétuelle, sujette à la résolution de la part du créancier, on n'admettait guère à cet égard que la résolution pour refus des sûretés promises ; dans ce cas même une particularité se présentait. Si le créancier, étant en droit de demander la résolution du contrat, venait à mourir avant la prononciation du jugement, la rente s'éteignait, et ses héritiers ne pouvaient continuer l'action ; la rente étant éteinte, ils n'avaient plus d'intérêt ; au contraire la rente constituée étant perpétuelle, la mort de l'une ou de l'autre des parties ne pouvait apporter aucune modification au droit de résolution.

La loi ne fixait pas de taux en matière de rente viagère ; nous avons vu qu'il en était autrement en matière de rente constituée.

Rien n'empêchait de constituer une rente viagère moyennant des denrées ou des marchandises ; il n'en était pas de même, comme nous l'avons vu, en matière de rente constituée.

La rente viagère, étant essentiellement aléatoire, devait, à partir du jour de la résolution du contrat jusqu'au jour du remboursement effectif, être payée sur le pied du denier vingt, car à dater de ce moment le risque avait cessé. La nature de la rente perpétuelle s'opposait à une semblable décision.

Lorsqu'un héritage, affecté à la garantie d'une rente viagère, était vendu par décret, la valeur de la somme due diminuant chaque jour, le créancier ne pouvait exiger que la somme qui, au moment de la confection de l'ordre, était estimée suffisante pour acquérir une rente viagère de pareille somme ; dans la rente perpétuelle, le créancier, ayant un droit immuable, pouvait exiger la somme entière qu'il avait aliénée.

En matière de rente viagère, la caution restait engagée tant que durait la rente ; au contraire dans la rente perpétuelle, la caution pouvait poursuivre le débiteur au bout d'un certain temps, afin d'obtenir sa décharge.

Lors de la rédaction du Code Napoléon, le contrat de rente viagère fut vivement critiqué et défendu avec non moins de vigueur. Suivant les uns, c'est un contrat immoral, habituant les hommes à calculer froidement sur la vie et la mort de leur semblable : c'est l'ennemi de toute affection sociale et le spoliateur des familles. Selon d'autres, c'est la dernière ressource de la mauvaise fortune et de la vieillesse. Quel est d'ailleurs l'acte, tant moral soit-il, qui ne puisse donner lieu aux mêmes calculs, et dont la cupidité de l'homme ne puisse faire un moyen de spéculation avide ?

Sous l'empire du Code Napoléon, comme dans l'ancien droit, la rente viagère peut être établie à titre onéreux ou à titre gratuit. Dans le premier cas le contrat est aléatoire, puisqu'il est toujours limité à la durée de la vie d'une ou de plusieurs personnes, et que la prestation annuelle est supérieure au produit de la chose aliénée. Dans le second cas, il cesse d'appartenir à la classe des contrats aléatoires, et, sauf quelques particularités qui seront signalées, il est gouverné par les règles des donations et des testaments. Ainsi, il faudra qu'il ait été satisfait à toutes les conditions requises pour la forme de la donation et du testament ; le défaut de la capacité exigée par les art. 901 et suiv., tant pour donner que pour recevoir, entraînera la nullité. La libéralité sera réductible, si elle excède la quotité disponible : mais comme il eût été difficile de savoir, au moment du décès du disposant, si

la somme à payer pour le service de la rente dé-
passerait ou non la quotité disponible, le législateur donne alors aux héritiers réservataires l'op-
tion, ou d'exécuter la disposition suivant sa teneur,
ou de faire l'abandon de la propriété de la quotité
disponible (art. 917). Et c'est là une première
particularité à signaler.

Cette faculté, accordée aux héritiers de prendre
le parti qui leur paraîtra le plus convenable, a pour
but d'échapper à la nécessité d'estimer la rente viagère; les termes de l'art. 917 « dont la valeur
excède la quotité disponible, » ne doivent pas être
entendus en ce sens que les héritiers, avant de se
prononcer, devront faire estimer la rente, car ce
serait retomber dans la difficulté que l'on a voulu
éviter. Il paraît, d'après la rédaction et la discussion du projet, que l'on a entendu désigner par
ces mots, le cas où un usufruit ou une rente viagère excéderait le revenu de la portion disponible.

Cependant, malgré les précautions prises par le
législateur, il y a des cas où il faudra nécessairement procéder à l'estimation de la rente viagère.
Ainsi, s'il y a plusieurs légataires d'un droit viager, ou même plusieurs légataires de pleine propriété et un seul de rente viagère, aux termes de
l'art. 926, la réduction devra s'opérer au marc le
franc, sans distinction entre les legs universels et
les legs particuliers ; or cela n'est possible qu'autant
qu'on connaît la valeur de chacune des libéralités.
La même nécessité se présentera encore, quand la

première libéralité sera une donation entre-vifs d'une rente viagère, et que le disposant aura fait ensuite une autre donation ou un legs de nue propriété ou même de rente viagère, car dans ce cas, la validité et l'étendue des dernières libéralités dépendent de ce qui reste disponible après la première.

Pour faire cette estimation, on aura égard à l'âge de la personne sur la tête de laquelle la rente viagère est constituée, à la santé dont elle jouit, et aux diverses conditions de son existence. Au cas d'une donation entre-vifs, ce n'est pas au moment de la constitution qu'il faudra se reporter, mais au temps du décès, comme dans le cas d'un legs. En effet, si la rente s'était éteinte avant le décès du disposant, elle ne serait pas imputée sur le disponible; si donc elle subsiste, elle ne doit être comptée que pour ce qu'elle vaut au moment de l'ouverture de la succession, or, elle vaut moins à mesure qu'elle s'approche de sa fin ; d'ailleurs il ne serait tenu aucun compte des arrérages perçus jusqu'au jour du décès, puisqu'ils ne constitueraient que des donations successives de fruits.

Une rente viagère peut être constituée au profit d'un tiers, qui ainsi touche les arrérages dont un autre a déboursé le capital (art. 1973). Cette faculté, loin d'être contraire au principe de l'art. 1165 aux termes duquel les conventions ne peuvent profiter aux tiers, se trouve justement comprise dans les deux exceptions apportées à la règle par l'art. 1121.

Cette constitution de rente présente une véritable singularité : le créancier est donataire à l'égard de celui qui a fourni les deniers, et sous ce rapport, il y a lieu à l'application des règles de la donation quant au fond, par exemple pour la capacité, la réduction, etc., mais non quant à la forme, parce qu'elle peut être la condition d'un acte ayant le caractère onéreux entre les parties principales. Ainsi, il n'y aura pas besoin d'acte authentique, ni d'acceptation expresse, si même l'acte principal est une donation entre-vifs, de sorte que la rente viagère n'en soit qu'une charge accessoire; l'acceptation expresse ne sera pas davantage nécessaire, parce que, entre le créancier et celui qui a versé les deniers au constituant, il n'intervient pas d'acte *portant donation*, le seul qui, suivant l'art. 931, soit soumis à l'acceptation expresse.

Aux termes de l'art. 1981, le disposant peut stipuler que la rente ne sera pas saisissable. Il est libre en effet de ne pas faire de libéralité ; on ne saurait donc lui défendre d'y apposer les conditions qu'il lui plaira. D'ailleurs les créanciers du rentier viager n'ont pas à se plaindre, puisqu'ils n'ont pas dû compter sur un bien donné à leur débiteur sous cette condition.

Si la rente viagère est donnée ou léguée à titre d'aliments, elle jouit d'une faveur toute particulière, elle est regardée comme insaisissable, quand bien même la donation ou le testament serait muet à cet égard (art. 581, 4°, Proc. civ.).

On peut aussi déclarer la rente incessible : c'est souvent un moyen d'empêcher la ruine du créancier. Cette clause ne présente d'ailleurs aucun des caractères d'un fidéicommis, car si elle renferme la charge de conserver, elle ne renferme pas celle de rendre.

Lorsque la rente viagère est établie à titre onéreux, on la considère aujourd'hui, de même que dans l'ancien droit, comme la chose vendue, dont l'objet aliéné est le prix. Il ne s'agit plus en effet d'un véritable prêt. La chose aliénée par le créancier est irrévocablement sortie de ses mains, les arrérages qu'il touche chaque année ne sont pas l'intérêt de l'argent qu'il a déboursé, mais l'équivalent de la chose aliénée à toujours.

Du reste une distinction est nécessaire, suivant que la rente viagère est établie moyennant un immeuble, ou moyennant une chose mobilière autre qu'un capital en argent. En effet, comme un prix ne peut consister qu'en une somme d'argent, le meuble ou l'immeuble donné comme équivalent de la rente n'en sera plus regardé comme le prix, mais bien comme étant lui-même la chose vendue, dont la rente est alors le prix. Le contrat conserve ainsi les attributs principaux de la vente, et comme tel est consensuel et synallagmatique ; seulement la situation et le rôle des parties y sont renversés. Au reste, le caractère aléatoire de la rente viagère continue à dominer, qu'elle soit la chose vendue ou qu'elle soit le prix de la vente.

Mais si la rente viagère établie moyennant un immeuble subit l'influence des principes de la vente, elle les fait disparaître sous certains rapports. Ainsi le seul défaut de paiement des arrérages n'autorise pas le créancier à demander la résolution du contrat, comme on le verra plus loin (art 1978). La rescision pour vilité du prix ne saurait non plus recevoir son application, car, dans un contrat aléatoire, on ne peut invoquer le principe qui préside aux contrats commu'atifs, à savoir : que chacune des parties doit obtenir l'équivalent de ce qu'elle donne. Les contractants ont voulu se soumettre à une chance mutuelle de gain ou de perte ; le créancier ne peut donc se plaindre de recevoir moins qu'il n'a donné, car il a la chance d'avoir plus.

Mais si le contrat qualifié de rente viagère n'en a pas réellement les caractères, si, par exemple, les arrérages ne sont pas supérieurs au produit de l'immeuble, l'action en rescision devra être accueillie.

Si le dommage résulte non plus de l'*alea*, mais d'une cause qui y est complétement étrangère, comme dans le cas de défau de contenance, les art. 1617 et 1618 recevront leur application.

Lorsque la rente viagère est constituée moyennant une somme d'argent, si on lui reconnaît encore le caractère de vente, c'est surtout, comme nous l'avons dit, parce qu'il est encore plus difficile d'y voir un prêt ; aussi malgré cette qualification différente, lui trouve-t-on beaucoup de ressemblances avec la rente constituée en perpétuel. Ainsi elle peut consister soit en une somme d'argent, soit en denrées : comme la rente perpétuelle, c'est un contrat unilatéral, réel, et parfait seulement par la tradition des deniers.

Mais son caractère aléatoire fait naître plusieurs différences qui la distinguent de la rente perpétuelle.

Ainsi les parties peuvent stipuler tel taux qu'il leur plaira (art. 1976) ; car il faut que le créancier soit indemnisé du risque qu'il court de ne jouir de la rente que peu de temps.

Comme sous l'ancienne législation, la rente viagère n'est pas susceptible de rachat.

Aux termes de l'art. 1979, le débiteur est tenu de servir les arrérages pendant toute la vie de la personne sur la tête de laquelle la rente a été constituée, quelque longue que soit la durée de son existence, et quelque onéreux qu'ait pu devenir le service de la rente.

En sens inverse, et pour le même motif, le créancier d'une rente viagère ne peut demander la résolution au cas de défaut du paiement des arrérages ; il ne peut que saisir et faire vendre les biens du débiteur, et faire consentir, sur le produit de la vente, l'emploi d'une somme suffisante pour le service de la rente (art. 1978) ; la résolution n'est admise en cette matière que pour refus des sûretés promises.

Il est une autre différence qui sépare la rente viagère actuelle, tant de la rente constituée moderne que de la rente viagère ancienne. Suivant Pothier, le rentier viager, au cas de vente forcée de l'immeuble affecté à la garantie de la rente, pouvait exiger, lors de la distribution des deniers, un capital suffisant pour acquérir une rente viagère de pareille somme ; l'art. 1978, nous venons de le voir, exige seulement le placement d'une somme assez forte pour produire le service des arrérages. Cette solution est plus équitable que celle de l'ancien droit ; car si une nouvelle rente viagère était constituée par un tiers, le débiteur primitif perdrait ainsi la chance de gagner le capital.

Nous avons vu que, dans la législation ancienne, le droit acheté par le créancier n'était pas nettement déterminé. Pothier lui-même ne paraît pas avoir une opinion bien fixée à cet égard : après avoir admis d'abord que la rente viagère n'a pas de capital, il semble se laisser entraîner par l'opinion qui était admise en pratique, c'est-à-dire que la rente formait un être moral complétement distinct des arrérages.

Le point de savoir s'il faut reconnaître un capital à la rente viagère est encore controversé aujourd'hui : il ne nous semble pas exact de dire que le droit aux arrérages soit l'être même de la rente. Les arrérages en effet sont engendrés par le capital de la rente viagère, comme ils le sont par le capital de la rente constituée : seulement les uns

sont perpétuels comme le droit qui leur donne
naissance, les autres au contraire ne sont que
temporaires, et cessent avec le droit de rente viagère lui-même.

Au reste, plusieurs dispositions du Code Napoléon viennent confirmer cette manière de voir.
L'art. 584 met au nombre des fruits civils les
arrérages des rentes, sans établir de distinction
entre les arrérages des rentes perpétuelles et ceux
des rentes viagères : donc les arrérages ne sont pas
l'être même de la rente. L'art. 588 est encore plus
formel : il accorde à l'usufruitier d'une rente viagère, non pas les intérêts des arrérages (comme
cela aurait lieu d'après les principes de l'usufruit,
si les arrérages étaient tout le fonds de la rente),
mais les arrérages eux-mêmes, sans qu'il soit tenu
à aucune restitution. Dans les art. 610 et 1401, 2°,
les arrérages sont aussi considérés comme des
fruits civils. L'art. 1907 déclare qu'on peut stipuler
un intérêt moyennant un capital que le prêteur
s'interdit d'exiger ; l'art. 1910 ajoute que la rente
peut ainsi être constituée en perpétuel ou en viager ; donc aux yeux de la loi il y a dans les deux
cas un capital inexigible. D'ailleurs comment le
créancier pourrait-il faire opérer la résolution du
contrat permise par l'art. 1977, si la rente n'avait
pas de capital. Enfin l'art. 2277 déclare prescriptibles par cinq ans les arrérages des rentes viagères
aussi bien que les arrérages des rentes perpétuelles. Or, si les arrérages étaient des fractions

du capital, ils ne devraient être prescriptibles que
par trente ans comme dans tous autres cas où un
capital est payable par portions, même annuelles.

Quant à la nature de la rente viagère, elle ne
saurait aujourd'hui être douteuse ; que le contrat
procède de l'aliénation d'un immeuble, d'un
meuble, ou d'une somme d'argent, elle est toujours mobilière : ainsi en tant que droit elle tombe
dans la communauté sans récompense.

Cette solution nous amène à examiner s'il y a
lieu à récompense, lorsque l'un des époux a aliéné
un immeuble propre moyennant une rente viagère
ou réciproquement.

Dans l'ancienne jurisprudence, on admettait
généralement l'affirmative. La difficulté ne se présentait que sur la manière de régler la récompense.

Les uns voulaient que l'aliénation à fonds perdu
fût considérée comme une vente pure et simple,
et qu'on donnât aux héritiers du vendeur le remploi ou la valeur de l'héritage. Suivant d'autres,
toutes les annuités devaient être rendues à la succession du vendeur ; elles représentaient dans la
communauté le prix d'un propre sujet à remploi ;
mais sur chacune d'elles il fallait retenir pour la
communauté l'intérêt annuel.

Enfin Pothier décidait que la récompense due à
l'époux consistait dans la différence entre les arrérages de la rente viagère courus depuis l'aliénation
de l'héritage jusqu'à la dissolution de la communauté, et les revenus de cet héritage, lesquels

16

seraient tombés dans la communauté, si l'aliénation n'avait pas eu lieu.

Aujourd'hui les auteurs ne sont pas plus d'accord
que dans l'ancien droit. Un grand nombre admet le
sentiment de Pothier. D'autres sont plus radicaux
et soutiennent que la communauté ne doit aucune
récompense, parce qu'en définitive elle n'a reçu
que des arrérages, qui ont le caractère de fruits, et
qui d'après les règles générales entrent dans le
fonds commun, mais le droit de rente lui-même
reste propre à l'époux. Cette dernière opinion nous
paraît préférable.

La solution est peut-être plus délicate dans le cas
inverse, celui où l'un des époux ayant une rente
viagère en propre l'a aliénée pour un droit perpétuel mobilier ou immobilier.

Sur cette question Pothier a soutenu deux opi-
nions différentes. Dans son traité de la *Communauté*,
il admet que l'époux doit une récompense qui
s'exerce en moins prenant, dans l'hypothèse d'une
reprise des deniers constituant le prix de l'aliénation de la rente viagère, et il donne comme base à
cette récompense la perte des revenus qu'a éprou-
vée la communauté par suite de l'infériorité du
produit du prix sur les revenus viagers aliénés. Au
contraire, dans son *Introduction à la Coutume d'Orléans*, il soutient que la communauté doit profiter
du prix, et qu'il ne sera dû aucune récompense de
part ni d'autre. Nous pensons que dans ce cas,
comme dans l'hypothèse précédente, il n'y aura

pas lieu à récompense. Il est de principe, en effet, qu'il n'est dû à la communauté aucune garantie à raison de la jouissance d'un propre aliéné, bien que les revenus de la chose obtenue moyennant l'aliénation de la rente viagère soient inférieurs aux arrérages. « La communauté n'a pas (comme le font remarquer avec raison MM. Rodière et Pont) un droit principal et *à priori* sur les biens des époux, mais elle a seulement un droit subsidiaire essentiellement subordonné à celui de l'époux lui-même, susceptible de s'accroître ou de diminuer, suivant les opérations que le propriétaire est toujours libre de faire. »

Le système contraire conduit à un résultat inadmissible. Il pourrait arriver en effet que, suivant la durée plus ou moins longue de la communauté, et la perte qu'elle éprouve chaque année par suite de ce changement des revenus, l'époux non-seulement n'aurait droit à aucune reprise, mais encore devrait lui-même une récompense à la communauté pour tout ce qu'elle aurait perdu. Le même inconvénient, avec une application inverse, se présenterait dans la première hypothèse examinée ci-dessus.

La rente peut être constituée, comme dans l'ancien droit, soit sur la tête d'une ou de plusieurs personnes, soit sur celle d'un tiers, comme sur celle du créancier ; rien n'empêche même de la placer sur la tête du constituant lui-même. Dans ces cas, les tiers n'ont pas besoin de réunir les

conditions ordinaires de capacité, car ils n'acquièrent aucun droit sur la rente ; tout ce qui est à considérer, c'est la vie physique. Si donc la personne
sur la tête de laquelle est constituée la rente est
morte au moment du contrat, il sera complétement
nul, et cela quand bien même le décès aurait été
ignoré des parties. Le contrat est nul non-seulement
dans ce cas, mais encore si la personne sur la tête
de laquelle est constituée la rente, fût-ce même
sur celle du créancier, est atteinte au moment du
contrat d'une maladie dont elle est morte dans les
vingt jours qui le suivent. Cette disposition était
déjà admise dans l'ancien droit ; mais le Code en
diffère cependant sur un point, c'est qu'il détermine le délai qui doit s'être écoulé entre l'époque
du contrat et la mort, tandis que l'ancienne législation laissait cette appréciation à la sagesse du
juge. La nullité du contrat repose ici comme dans
l'hypothèse précédente, sur l'absence d'un risque
suffisant. Du reste dans les deux cas, il n'y a aucun
compte à tenir de la bonne ou de la mauvaise foi
des parties.

Il pourra souvent être difficile de prouver que la
mort dans les vingt jours a eu pour cause une maladie remontant à la date même du contrat. La
preuve en cette matière est à la charge de ceux
qui invoquent la nullité du contrat.

Notons enfin que, si la rente est constituée successivement et sans diminution sur la tête de deux
personnes, le décès de l'une dans les conditions

prévues par les art. 1974 et 1975 ne rend pas le
contrat nul, car au moment où il a été formé, il y
avait encore *alea*.

Toutefois lorsque la rente viagère est constituée à
titre gratuit, il n'y a plus lieu aux dispositions de
l'art. 1975, car un contrat de cette nature est
étranger à toute idée de risque.

Pour terminer ce qui concerne la nature de la
rente viagère, il faut signaler une disposition re-
marquable édictée par l'art. 918, à l'égard de la
rente viagère établie à titre onéreux entre parents
réservataires.

Le droit intermédiaire avait défendu d'une manière absolue la vente d'un bien à tout successible
moyennant une rente viagère ou à fonds perdu.

Le législateur de 1804 s'est montré moins sévère; il a permis l'aliénation à fonds perdu au profit de tout successible ; seulement dans le cas où
cette aliénation est faite au profit de l'un des réservataires, il a pris soin de sauvegarder l'intérêt
des autres : cette vente est alors considérée comme
n'ayant pas un caractère sincèrement onéreux, et
il existe à cet égard une présomption *juris et de
jure*, contre laquelle la preuve n'est pas possible.

La loi craint que le crédit rentier n'exige pas les
arrérages de son successible, en sorte que les obligations nées du contrat se trouveront éteintes au
moment de sa mort, sans avoir été jamais exécu-
tées. Cette présomption de fraude ne pourrait exister dans une rente perpétuelle, car après la mort

du rentier ses héritiers ayant droit aux arrérages n'ont éprouvé qu'un préjudice temporaire et sur les fruits seulement. L'acte bien que qualifié vente par les parties est donc considéré comme une donation déguisée, soumise en cette qualité à la réduction, mais il est exempt du rapport; c'est un préciput tacite, le seul peut-être qui puisse être admis sans contestation dans le Code.

Toutefois comme dans certains cas la vente pourrait être sérieuse, l'art. 918 accorde aux parties le moyen d'éviter la présomption de libéralité. Il suffit d'obtenir le consentement des autres réservataires au moment de l'aliénation. Cette précaution serait superflue à l'égard des héritiers collatéraux; ne pouvant en effet prétendre à une réserve, ils n'auront jamais de réclamation à élever contre les aliénations à fonds perdu. Au reste par sa nature le contrat n'est pas indivisible; il peut être une véritable vente à l'égard des uns et une donation à l'égard des autres. Ceux-là seuls qui auront consenti à la vente ne pourront pas demander la réduction. Quant aux successibles dont le consentement n'a pu être obtenu, parce qu'au moment de l'aliénation ils n'avaient pas encore la qualité d'héritiers présomptifs, ou même parce qu'ils n'étaient pas encore nés, ils ne peuvent critiquer la vente, car les contractants ont fait tout ce qui dépendait d'eux pour établir la sincérité du contrat.

Si la rente devait être servie à un autre qu'au

vendeur, il faudrait, ce nous semble, voir dans l'acte d'aliénation une vente sérieuse, car ici la même complaisance n'étant pas à craindre de la part du créancier, il n'y a pas lieu de présumer une donation déguisée, faite en fraude des réservataires.

Lorsqu'aux termes de l'article 1082, une personne a disposé, par voie d'institution contractuelle, de ses biens à venir, c'est-à-dire a donné par contrat de mariage tout ou partie des biens qu'elle laissera au jour de son décès, la loi lui enlève la faculté de disposer de nouveau des mêmes biens à titre gratuit. L'aliénation à titre onéreux reste seule permise (art. 1083) ; le disposant pourra donc aliéner moyennant une rente viagère, car la vente à fonds perdu a un caractère véritablement onéreux ; toutefois le juge aura à examiner si, en fait, le contrat ne renferme pas une donation déguisée.

Le service des arrérages peut être garanti, soit par un privilége, quand la rente viagère est constituée moyennant l'aliénation d'un immeuble, soit par une hypothèque conventionnelle. Les règles relatives aux priviléges et aux hypothèques recevront ici leur application. Mais la rente viagère n'étant pas remboursable en principe, une double difficulté se présente, tant à l'égard de la somme à porter dans l'inscription qu'à l'égard de la purge.

Sur le premier point, il y aura lieu à l'application pure et simple des articles 2132 et 2148,4°, c'est-à-dire que le créancier estimera lui-même sa créance, sauf au débiteur à faire réduire la somme qu'il prouverait être exagérée (art. 2163).

Quant à la purge, il ne peut y être procédé conformément au droit commun. Le tiers détenteur, en effet, pas plus que le débiteur lui-même de la rente, ne peut contraindre le créancier à recevoir le remboursement. Si ce dernier y consent, rien de plus simple, le tiers détenteur lui rembourse la somme portée dans l'inscription. Si, au contraire, le créancier s'y refuse, le tiers détenteur verse la somme entre les mains des créanciers postérieurs en inscription, et ceux-ci serviront la rente, en offrant un rentier viager des garanties suffisantes. Si enfin les créanciers ne veulent pas se charger du service de la rente, le tiers détenteur verse à la caisse des dépôts et consignations une somme déterminée par le tribunal, et qui doit être suffisante pour produire, à titre d'intérêts, une somme égale au montant annuel des arrérages de la rente (art. 1978).

II. *De la capacité des parties contractantes.* — Dans l'ancien droit la capacité requise pour le contrat de rente viagère n'était pas en général différente de celle nécessaire aux contrats à titre onéreux ; mais lorsque la rente n'excédait pas le taux de l'ordonnance, ou ne lui était pas sensiblement supérieure, c'était une donation faite au constituant ; il fallait alors, pour que le contrat fût valable, qu'il fût fait entre personnes ayant la capacité de donner et de recevoir ; ainsi un mari n'aurait pu constituer une rente viagère à sa femme, ni la femme à son mari, lors même que les arrérages eussent été supérieurs au taux légal.

Si le créancier avait stipulé dans le contrat qu'après sa mort la rente serait servie à un tiers déterminé durant la vie de ce dernier, il devait être capable de lui faire une libéralité. Mais le constituant n'était pas recevable à opposer au donataire son incapacité, car les prohibitions n'étaient pas faites en sa faveur, les héritiers du créancier pouvaient seuls faire prononcer la déchéance du tiers, et se faire servir la rente à sa place et durant sa vie. De même si un mari avait, moyennant l'aliénation de l'un de ses propres, fait constituer sur sa tête une rente réversible sur celle de sa femme, celle-ci ne pouvait après la mort de son mari prétendre au service de la rente, parce qu'il lui était impossible de recevoir de son mari, les héritiers en jouissaient donc durant la vie de la femme. Si au contraire la rente avait été constituée par le mari avec les deniers de la communauté, sur sa tête et sur celle de sa femme, elle devait être continuée pour moitié seulement au survivant, et pour l'autre aux héritiers du prédécédé ; toutefois, pour que la femme pût jouir de cette faveur, il fallait qu'elle eût accepté la communauté, puisque la rente avait son principe dans les biens communs.

Aujourd'hui en matière de rente viagère, les conditions de capacité sont les mêmes que celles exigées pour la rente perpétuelle et les contrats onéreux en général ; et si la rente viagère est établie moyennant l'aliénation d'un immeuble, il faut que le créancier jouisse de la capacité requise pour cette aliénation, à laquelle d'ailleurs on applique, ainsi que nous l'avons dit, les règles ordinaires de la vente.

Lorsqu'il s'agit d'une donation directe faite par le constituant, ou indirecte par l'une ou l'autre des parties (le constituant promettant des arrérages exagérés, ou le créancier consentant à en recevoir de trop faibles), dans les deux cas, les parties doivent avoir la capacité relative de donner et de recevoir.

Si donc une personne fournissant seule les deniers, la rente est réversible sur une autre, il y a donation, et la capacité relative de donner et de recevoir est requise. Mais si la rente viagère est achetée à frais communs par deux personnes, à condition de réversibilité sur la tête du survivant, elle n'a pas pour cela le caractère d'une donation, car l'intention des parties n'a pas été de se faire une libéralité réciproque, le mobile qui les a fait agir est l'espérance de recueillir un jour la rente en totalité. D'ailleurs les chances de gain et de perte sont égales des deux côtés. Ainsi rien ne s'oppose à ce que deux époux s'engagent par contrat de mariage à fournir chacun moitié du capital d'une rente à la charge de réversibilité sur la tête du survivant.

La question présente plus de difficulté, si l'on suppose que la rente viagère est acquise par le mari des deniers de la communauté, avec réversibilité sur la tête du survivant. Faut-il y voir une convention à titre onéreux par rapport aux époux, ou bien une donation ? Pour soutenir que l'acte est onéreux, on allègue la mutualité de l'*alea*, l'incertitude de la survie, raison insuffisante selon nous, car tous les gains de survie entre époux ont ce caractère aléatoire, et ne cessent pas pour cela d'être des libéralités. D'ailleurs aux termes de l'art. 1395, les conventions matrimoniales ne peuvent recevoir aucune modification pendant le mariage, notamment il ne pourrait être convenu que tout ou partie de la communauté appartiendra au survivant. S'il était possible, à la faveur d'un contrat de rente viagère avec un tiers, de reporter tous les bénéfices de la communauté sur le survivant, la loi serait évidemment éludée ; il faut donc y voir une donation entre époux, réductible (art. 1094 et 1098) et révocable (art. 1096). Si l'un des conjoints, usant du droit qui lui est accordé par la loi, a révoqué le don, la rente viagère n'en sera pas moins payée en entier par le débiteur, mais elle le sera pour une moitié au survivant, et pour l'autre moitié aux héritiers du prédécédé. Pothier décide de cette manière sans distinguer, c'est-à-dire qu'il n'admet pas la réversibilité. Cela s'explique tout naturelle-

ment pour son époque, où les donations étaient
défendues entre mari et femme.

Si les conjoints s'étaient fait une donation mutuelle de l'usufruit des biens de la communauté,
le survivant jouirait de la portion du prédécédé
dans la rente viagère, sans avoir à faire aucune
restitution après l'extinction de son usufruit (art.
588). Cette dernière solution n'était pas admise
par Pothier, cela tient à la manière dont il envisa-
geait la rente viagère. Mais nous avons vu que le
Code lui a reconnu un caractère propre et distinct
des arrérages qu'elle produit.

III. *Des clauses de la rente viagère.* — Autrefois la plupart des clauses des rentes perpétuelles
pouvaient être stipulées dans la rente viagère.
Mais quelques-unes étaient spéciales à cette dernière : ainsi le constituant pouvait s'engager à
rendre aux héritiers du créancier, après l'extinction de la rente, une certaine partie de la somme
reçue pour la constitution. Il y avait alors deux
contrats, un contrat de vente de la rente viagère
et un prêt gratuit. Mais si la somme qui devait
ainsi être rendue aux héritiers, comme prêtée,
était tellement considérable que les arrérages à
payer fussent excessifs eu égard au reste du capital,
le contrat était nul comme usuraire, et tous les
arrérages qui avaient été payés devaient être im-
putés sur le capital. Quelquefois le créancier stipu-
lait qu'après sa mort, le constituant servirait à ses
héritiers une rente de tant, et rachetable pour une

somme déterminée. Il y avait alors deux rentes,
l'une viagère et l'autre perpétuelle. Mais bien qu'en
principe la rente constituée fût rachetable à la
volonté du constituant, ce dernier ne pouvait
cependant se libérer durant la vie du rentier,
car ces deux rentes ne couraient pas simultanément ; ce n'était que l'extinction de l'une qui
pouvait donner effet à l'autre. Rien du reste ne
s'opposait à ce que la rente perpétuelle, qui devait
être continuée aux héritiers du créancier après sa
mort, ne fût supérieure au taux légal de la somme
stipulée pour effectuer le rachat, car le taux des
rentes se règle d'après la somme payée pour constituer la rente, et non pas d'après celle convenue
pour le rachat.

On ne pouvait insérer dans le contrat de constitution de rente viagère à titre onéreux que les arrérages seraient insaisissables, car tous les biens du
débiteur sont le gage commun de ses créanciers.
D'ailleurs, s'il en était autrement, il serait trop facile à un débiteur de tromper ses créanciers.

Il arrivait assez souvent que le constituant s'en-
gageait à payer chaque terme d'avance. Dans ce cas,
selon Pothier, si le créancier mourait avant l'é-
chéance du terme payé d'avance, ses héritiers pouvaient être contraints à restituer ce qui avait été
payé de trop eu égard au moment du décès de leur
auteur. Les arrérages courus pendant sa vie étaient
seuls dus.

On peut aujourd'hui insérer dans un contrat de

rente viagère les mêmes clauses que dans l'ancien droit. Nous avons seulement quelques modifications à signaler. Ainsi dans le cas de la clause
qui imposait au constituant le remboursement
d'une partie de la somme aux héritiers, le contrat
ne serait pas nul ; s'il présentait une usure, il y
aurait lieu seulement à la restitution des arrérages pour ce qui excède le taux légal.

Nous avons déjà dit, à propos de la nature de la
rente viagère qu'aujourd'hui, comme au temps de
Pothier, lorsqu'elle est établie à titre onéreux,
elle ne peut être stipulée insaisissable par les
créanciers ; ce n'est que lorsqu'elle a un caractère gratuit qu'elle peut être insaisissable, soit
par la volonté expresse du constituant, soit par
son caractère alimentaire.

Nous ne pensons pas non plus qu'il faille se
montrer aussi sévère que Pothier à l'égard des
arrérages stipulés payables d'avance. Le terme
payé d'avance est bien et légalement payé, et il n'y
a lieu à la restitution d'aucune partie des arrérages ; le créancier en effet est censé avoir stipulé
une prime pour le cas où la mort viendrait à le
surprendre avant la fin du terme. C'est d'ailleurs
dans ce sens que le législateur entendait la disposition qu'il édictait.

Il résultait de l'art. 17 du projet présenté au
tribunat que les arrérages, dans le cas même où
ils étaient stipulés payables d'avance, n'étaient
acquis que dans la proposition du nombre de jours

qu'avait vécu le créancier. Toutefois une seconde
disposition du même article n'accordait la répétition au constituant que lorsqu'il avait payé d'a-
vance sans y être obligé par le contrat. Le tribunat
paraissait comprendre que le deuxième alinéa ex-
cluait la répétition de la fraction du terme non
échu au moment du décès, lorsque le contrat en
avait imposé au débiteur le paiement anticipé ; dès
lors, selon lui, la seconde disposition de l'article
ne répondait pas à l'intention exprimée dans la
première : le constituant, devant être privé de la
répétition des arrérages non échus au moment du
décès, aurait eu intérêt à ne pas remplir son obligation de payer d'avance pour n'être tenu envers
les héritiers que des arrérages échus ; c'eût été,
en d'autres termes, donner une prime à l'inexactitude ou la mauvaise foi. Il nous semble que
telle n'était pas l'idée des rédacteurs du projet.
Les craintes du tribunat nous paraissent avoir été
exagérées. Mais la modification proposée fit prévaloir la solution la plus favorable au rentier viager. Ainsi aujourd'hui le débiteur n'est forcé de
payer d'avance qu'autant qu'il y est obligé par le
contrat ; mais s'il anticipe volontairement les paiements, il ne peut exercer aucune répétition du vivant du créancier, parce qu'il a renoncé au bénéfice
du terme (art. 1186). Si le débiteur meurt avant
l'expiration des termes volontairement payés d'a-
vance, il y a lieu à la répétition des arrérages non
échus ; si, au contraire, le terme payable d'avance

n'est pas entièrement échu au moment du décès du créancier, payé ou non, il n'en est pas moins acquis en entier à sa succession.

SECTION II.

DES MODES D'EXTINCTION DE LA RENTE VIAGÈRE.

La rente viagère a toujours présenté un mode d'extinction qui lui est exclusivement propre et qui constitue toute sa nature aléatoire, c'est la mort de la personne sur la tête de laquelle elle est constituée. Mais il ne saurait y avoir lieu au rachat, l'*alea* qui est de l'essence du contrat s'y oppose. La résolution n'y est admise que dans un seul cas, celui du défaut des sûretés promises. La prescription est possible tant pour le droit même que pour les arrérages. Enfin la compensation, la novation, la remise de la dette sont admises dans la rente viagère absolument aux mêmes conditions que pour la rente constituée. Nous ne nous occuperons que de la mort, de la résolution dans le seul cas prévu par la loi, et de la prescription pour ce qu'elle présente de particulier.

§ 1. — Mort de la personne sur la tête de laquelle est constituée la rente viagère.

Ce mode est à peu près le seul dont s'occupe Pothier; c'était seulement la mort naturelle qui faisait cesser le service de la rente, la mort civile n'avait pour effet que substituer le seigneur au créancier.

Le service des arrérages ne pouvait être exigé qu'autant que le crédit rentier justifiait par un certificat en bonne forme de l'existence de la personne sur la tête de laquelle était constituée la rente.

Sous le Code Napoléon comme dans l'ancien droit, la rente viagère s'éteint par la mort de la personne sur la tête de laquelle elle est constituée. Au cas où plusieurs personnes ont été désignées, ce n'est que le décès de la dernière qui met fin à la rente. Au reste, comme nous l'avons déjà dit, c'est la vie physique qui est seule prise en considération; avant même que la mort civile fût abolie par la loi du 31 mai 1854, elle n'éteignait pas la rente viagère; les parties en effet ne pouvaient l'avoir prévue.

Comme les arrérages ne sont autre chose que des fruits civils, s'acquérant jour par jour, et que le paiement en est subordonné à l'existence de la personne sur la tête de laquelle la rente est constituée, le débiteur n'est tenu du service des arrérages qu'autant qu'il a la preuve de l'existence de cette personne, et dans la proportion du nombre de jours où cette existence est prouvée : par conséquent, en cas d'absence, les arrérages ne seront pas payés même pendant la période de présomption. Le mode de preuve n'est déterminé nulle part, mais généralement c'est au moyen d'un certificat de vie. Aux termes de la loi des 6-27 mars 1791 (art. 11), ces certificats sont délivrés par les présidents des

17

tribunaux de première instance, ou par les maires des chefs-lieux d'arrondissement, pour les personnes qui y sont domiciliées ; cette loi toutefois ne prononce pas de sanction contre ceux qui ne s'y sont pas conformés. On peut aussi avoir recours à un acte notarié. Quant aux certificats de vie à produire par les rentiers viagers de l'État, les décrets des 11 et 25 septembre 1806 ont établi à cet effet des notaires certificateurs, dont le ministère est alors obligatoire. Une loi du 21 juin 1839 a étendu ce droit à tous les notaires.

§. 2 — De la résolution, et de la saisie d'un capital suffisant pour le service de la rente.

Dans l'ancien droit, l'inaccomplissement des conditions était un mode d'extinction de la rente viagère. Pothier ajoute que tout ce qui a été dit par lui sur cette matière au sujet de la rente perpétuelle reçoit ici son application.

En matière de rente viagère, le Code Napoléon n'autorise plus la résolution du contrat que pour défaut de prestation des sûretés promises, il ne reproduit pas le mode d'extinction admis dans la rente constituée pour le non-paiement des arrérages. Dans ce dernier cas il donne au créancier le droit de saisir et faire vendre les biens du débiteur, et de faire ordonner sur le produit de la vente l'emploi d'une somme suffisante pour le service des arrérages (art. 1978). Bien que ce secours ac-

cordé par la loi ne soit pas un véritable mode d'extinction de la rente, il sera cependant examiné
sous cette rubrique, et devra être appliqué au cas
de faillite et de déconfiture, quoique le Code ne
s'en soit pas expliqué.

I. *Défaut de sûretés.* — La nature aléatoire de la
rente viagère répugne à l'idée de résolution. En
effet, la destruction du contrat, survenant quand
déjà les risques ont été courus par chacune des
parties, ne peut remettre exactement les choses
dans leur état primitif, et lors même que les arrérages payés jusqu'à la résolution seraient restitués
pour ce dont ils excèdent le taux légal, le débiteur
n'en aurait pas moins perdu la chance de gagner le
capital qui peut-être, dans peu de temps, devait
lui rester. Mais au cas où le créancier est privé des
sûretés qui lui ont été promises, la résolution est
le secours le plus équitable qui puisse lui être accordé; le débiteur ne saurait prétendre conserver
les chances de gain du contrat, puisqu'il en a lui-
même violé les conditions. Pour le créancier, la
résolution lui serait moins désavantageuse qu'au
débiteur, puisque la restitution du capital, alors
qu'il est plus avancé en âge, lui permettrait de se
faire constituer une autre rente à un taux plus
élevé; mais comme il pourrait également lui être
nuisible d'avoir recours à un nouveau placement
en viager, peut-il alors, au lieu d'exercer le
droit de résolution, invoquer la disposition de
l'art. 1978, qui lui permet de saisir sur les biens

de son débiteur un capital suffisant pour assurer le service des arrérages? L'affirmative nous semble devoir être admise. La résolution, en effet, est un moyen extrême donné contre débiteur, il ne peut donc se plaindre qu'on ne le lui applique pas; on ne saurait d'ailleurs trouver un droit dans une infraction au droit lui-même.

Il faut appliquer ici les solutions qui ont été données pour la rente constituée, relativement au défaut et à la diminution des sûretés, sauf quelques exceptions: ainsi comme cette résolution a un caractère anormal, et qui déroge à la nature de la rente viagère, il convient de la prévenir par tous les moyens que l'équité suggère; le juge pourra donc accorder un délai de grâce, aux termes de l'article 1244. Il sera possible au débiteur d'arrêter les effets de la résolution, en offrant de rétablir les sûretés convenues. Enfin l'instance en résolution cessera par la mort du créancier, puisque tout intérêt a disparu.

Lorsque la rente viagère est constituée à titre gratuit, il n'y a pas lieu à la résolution. Cela résulte des termes et de l'esprit de l'article 1977. Un donateur de rente viagère ne peut être obligé de verser aux mains du donataire un capital qu'il n'a jamais reçu. D'un autre côté, on ne saurait comprendre la révocation d'une donation par suite de l'inexécution des conditions de la part du donateur.

II. *Défaut de paiement des arrérages.* — Nous avons dit qu'il aurait été trop rigoureux d'enlever au débiteur les avantages aléatoires du contrat, pour le seul défaut du service de la rente; il se peut, en effet, qu'il ait déjà payé en arrérages l'équivalent du capital ; il faut donc lui conserver, autant que possible, les espérances de gain, tout en sauvegardant l'intérêt du créancier. C'est alors qu'il faut appliquer l'article 1978, c'est-à-dire qu'il y aura saisie et vente des biens du débiteur, et il sera fait, sur le produit de la vente, emploi d'une somme suffisante pour le service des arrérages.

Les deniers saisis ne seront pas versés entre les mains du créancier, ils seront employés en prêt ou de toute autre manière convenue entre les parties, ou déterminée par le tribunal, de telle sorte que pendant la vie du créancier les arrérages lui soient assurés, et qu'à sa mort les capitaux retournent au débiteur. Le placement devra se faire au nom des deux intéressés, chacun pour ce qui le concerne.

Le secours donné au créancier par l'article 1978 s'applique avec plus de généralité que la résolution pour défaut de sûretés, car il ne présente aucun caractère de déchéance, il est seulement une mesure conservatoire. Ainsi le donateur d'une rente viagère subira la saisie dont il s'agit. Il en sera de même au cas de legs d'une rente viagère à la charge de l'héritier, ou d'un légataire universel.

Au contraire à l'égard d'une donation à charge de rente viagère au profit du donateur lui-même, il y aura lieu à la révocation de la donation tout entière pour inexécution des conditions (art. 953).

Les dispositions de l'article 1978 sont applicables

à la rente viagère constituée moyennant l'aliénation d'un immeuble, de même que pour l'aliénation d'une somme d'argent.

Au reste rien n'empêche les parties de stipuler le remboursement de la rente pour défaut de paiement des arrérages pendant un temps qu'elles détermineront. Les travaux préparatoires sont formels à cet égard. Voici comment s'exprime le Consul Cambacérès : « Il conviendrait de faire sentir dans la rédaction... qu'il est permis aux parties... de stipuler que, faute de paiement de la rente, le créancier pourra rentrer dans son capital, ou dans l'immeuble dont elle est le prix. La rédaction proposée n'exclut pas cette clause dérogatoire, mais il serait plus utile de l'autoriser formellement. » (Locré, t. XV, p 156, n° 7.) Toutefois on ne crut pas nécessaire d'insérer cette disposition, parce qu'une telle stipulation, n'étant pas contraire à l'ordre public, se trouvait suffisamment autorisée par le principe de la liberté des conventions. (Locré, *loc. cit.*, p. 149.)

III. *Faillite ou déconfiture du débiteur.* — Dans ces cas la loi est complétement muette, il est naturel d'y appliquer la même décision qu'au cas de défaut de paiement des arrérages ; la résolution aurait le même inconvénient pour le débiteur, sans être plus utile au créancier ; celui-ci pourvoira donc à sa sûreté en réclamant un capital qui puisse lui assurer le service des arrérages. Pour ce capital il subira la loi du dividende et sera soumis au concordat, s'il intervient. A sa mort les deniers saisis et placés comme il a été dit, retourneront à la masse du failli, et seront soumis à une nouvelle distribution, s'il y a lieu.

§ 3. — De la prescription.

La prescription de trente ou quarante ans éteignait la rente viagère. Cependant elle ne courait pas durant l'absence de la personne sur la tête de laquelle reposait la rente, et si, après trente ans, elle reparaissait, le créancier pouvait obtenir tous les arrérages arriérés, car pendant ce laps de temps, le créancier n'avait pu réclamer l'exécution de l'obligation du débiteur ; il y avait alors lieu à l'application de la maxime : *Contra non valentem agere non currit prescriptio.*

Quant aux arrérages des rentes viagères, c'était une question de savoir s'ils se prescrivaient par cinq ans. Selon les uns, et c'était l'opinion de Pothier, les termes de l'Ordonnance de Louis XII ne comprenaient que les rentes perpétuelles. Cette prescription était une disposition pénale fondée sur les ressemblances de ce contrat avec le prêt à intérêt prohibé. Suivant d'autres, l'Ordonnance était générale ; d'ailleurs le danger qu'avait voulu éviter la loi, la ruine du débiteur par l'accumulation des arrérages, était tout aussi imminent en matière de rente viagère qu'en matière de rente perpétuelle.

Sous le Code Napoléon, la prescription est un mode d'extinction commun à la rente viagère et à la rente constituée. Elle s'applique tant au droit de rente lui-même qu'aux arrérages. Elle est de trente ans pour le droit même et de cinq ans pour les arrérages.

Quand on regarde la prescription comme une présomption légale de paiement, la prescription du droit même de rente viagère semble plus difficile encore à concevoir que celle d'une rente constituée, car dans l'espèce, non-seulement le créancier n'a pas eu le droit d'exiger le capital, mais le débiteur lui-même n'a pas eu celui de le rembourser. On pourrait être tenté d'y voir une présomption de remise de la dette ; cependant cela n'est pas admissible, car il y aurait lieu à des obligations nouvelles, celles de rapport ou de réduction, lesquelles ne peuvent résulter d'une présomption légale. Mais on peut toujours supposer un remboursement volontaire de part et d'autre qui n'entraîne aucune obligation pour l'avenir.

Quant aux arrérages, une observation est nécessaire relativement à la personne sur la tête de laquelle est établie la rente. On ne saurait décider aujourd'hui, comme le faisait Pothier, que les arrérages, dans ce cas, ne sont pas prescriptibles, et que l'absence par elle-même constitue une interruption, car elle n'enlève pas au créancier la faculté d'exercer tous les actes conservatoires de son droit.

POSITIONS.

DROIT ROMAIN.

I. L'emphytéote avait la possession proprement dite et pouvait exercer les interdits possessoires.

II. L'emphytéose pouvait s'établir par testament.

III. La prescription n'était pas un mode d'établissement de
l'emphytéose.

IV. A Rome, le mariage était un contrat réel, il n'avait pas
lieu par le seul consentement des parties.

V. A l'époque classique, le possesseur de bonne foi acquérait
les fruits par leur seule séparation du sol.

DROIT FRANÇAIS.

VI. La loi des 18-29 décembre 1790 n'a porté aucune atteinte
à la nature immobilière des rentes foncières.

VII. La rente créée par conversion d'un prix de vente d'abord
fixé en argent ne cesse pas d'être soumise à l'art. 530,
si la conversion est faite dans l'acte même. Dans le cas
contraire, elle est purement une rente constituée.

VIII. La prohibition de rachat d'une rente pendant trente ou dix
années peut être indéfiniment renouvelée.

IX. L'action pour le paiement des arrérages ne peut être intentée contre le légataire particulier de l'usufruit du fonds
arrenté.

X. La résolution du contrat de rente foncière est indivisible ; il
en est autrement du rachat.

XI. La résolution du contrat de rente constituée n'est jamais
indivisible, même *solutione tantum*.

XII. Le délai de trente ans nécessaire pour la prescription de la rente part de la date du titre et non de la dernière échéance non payée.

XIII. Si une rente viagère est constituée successivement sur la tête de deux personnes, le décès de l'une d'elles dans les circonstances prévues par l'art. 1975 n'annule pas le contrat.

XIV. L'art. 1975 n'est pas applicable au cas d'une donation faite à la charge d'une rente viagère.

XV. La rente viagère constituée en deniers de la communauté sur la tête du mari et sur celle de la femme, réversible sur la tête du survivant, sera considérée comme donation réciproque.

XVI. On peut valablement dans un contrat de constitution de rente viagère en stipuler la résolution pour non-paiement des arrérages.

XVII. Un créancier est toujours à temps de faire inscrire son privilége dans les quarante-cinq jours de la vente, et il ne doit être tenu aucun compte de l'état de faillite du débiteur, ou de l'acceptation bénéficiaire de sa succession, qui aurait pu survenir pendant ce temps.

XVIII. Les deux années d'arrérages garanties par le privilége du vendeur à rente aux termes de l'art. 2151 peuvent se prendre indistinctement dans toutes les années encore dues.

XIX. L'acceptation bénéficiaire ne peut tenir lieu de la séparation des patrimoines.

XX. Le propriétaire riverain d'une forêt ne peut exiger la suppression des arbres qui ne se trouvent pas à deux mètres de sa propriété.

DROIT ADMINISTRATIF.

XXI. Le lit des rivières non navigables ni flottables appartient aux riverains.

XXII. Il n'y a pas lieu au droit proportionnel d'obligation pour la conversion en rente d'un prix de vente fixé en argent, lorsque la conversion a lieu dans l'acte même de vente.

XXIII. Il n'est pas dû un second droit proportionnel, quand, deux époux ayant vendu à fonds perdu un immeuble appartenant à l'un deux, avec cette condition que la rente serait payée au survivant, celui qui était propriétaire de l'immeuble est mort le premier.

DROIT PÉNAL.

XXIV. La prescription de l'action civile résultant du vol d'un objet mobilier n'empêche pas le propriétaire de revendiquer l'objet pendant trente ans contre le voleur.

XXV. En cas de récidive et d'excuse, il faut d'abord appliquer l'aggravation résultant de la récidive, et ensuite l'atténuation de l'excuse.

————

La Thèse de M. Menant, pour le doctorat, sur *les Baux emphytéotiques* et sur *les Contrats de rente*, m'a paru ne contenir aucune proposition qui puisse blesser l'ordre public et les bonnes mœurs; et je suis, en conséquence, d'avis que l'impression en doit être autorisée.

Dijon, ce 17 avril 1860.

L. R. MORELOT.

Vu et approuvé,

Pour le Recteur de l'Académie, empêché,

L'Inspecteur délégué.

GARSONNET.

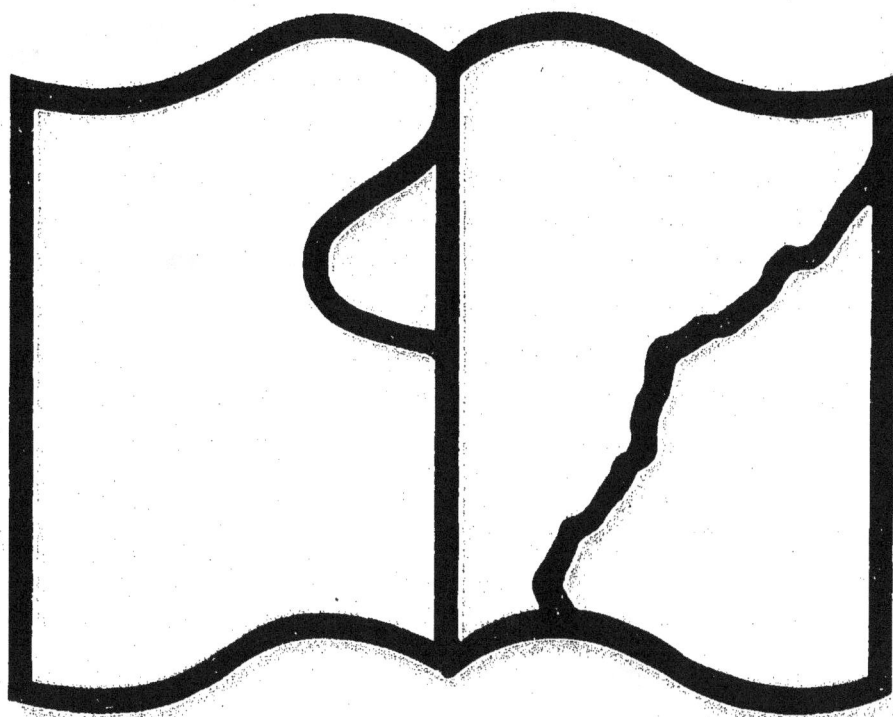

Texte détérioré — reliure défectueuse

NF Z 43-120-11

Contraste insuffisant

NF Z 43-120-14